행복한 여성을 위한
미술치료 쉽게 하기

| 김선현 CHA의과대학교 통합의학대학원·차병원 교수 지음 |

머리글

'여자라서 행복해요!'라는 광고 문구가 있습니다. 광고에서는 좋은 가전제품을 쓸 수 있는 여자라서 행복하다는 내용이었지요. 여성을 위한 미술치료 책의 집필을 생각하면서 이 광고 문구가 늘 떠올랐습니다. 행복을 꿈꾸는 많은 여성이 진심으로 '여자라서 행복해요!'라고 외칠 수 있다면 얼마나 좋을까 하고요.

현대 여성들은 자신이 원하는 삶을 살고 싶어 합니다. 남편과 자녀를 통해서 대리 만족을 느끼던 부모 세대와는 달리, '나'를 중심에 두고 꿈을 이루며 인생의 만족과 행복을 찾으려 합니다. 그렇지만 우리 사회가 급격한 여성들의 변화를 쉽게 받아들이지 못하고, 남성들도 이런 변화가 익숙하지 않아 혼란을 겪습니다. 그러다 보니 많은 여성이 결혼을 기부하거나 자녀 출산을 두려워하며, 새로운 삶의 모델을 찾아 헤맵니다.

자신이 원하는 일과 사랑, 그리고 삶의 방향은 스스로가 찾아야 합니다. 안타까운 부분은 이러한 고민을 해야 하는 시기에는 생존 경쟁에 치이고, 또 결혼 이후에는 엄마와 아내로만 살기에도 하루가 짧습니다. 이러한 현실에서 자신에게 맞고 행복한 삶을 찾기란 결코 쉽지 않습니다.

오랫동안 현장에서 미술치료를 하고 또 교육하면서 다양한 여성들을 만났습니다. 그러는 동안 더욱더 여성이 건강해지고 행복해지는, 여성에게 힘이 되는 미술치료를 하고 싶어졌습니다. 여성이 건강하면 그 가정과 사회가 건강하다는 믿음이 생겼고, 미술치료가 여성에게 심리적·정신적으로 건강한 삶을 살도록 돕는다는 확신이 있기 때문입니다.

《행복한 여성을 위한 미술치료 쉽게 하기》는 심신 안정과 자기 탐색, 긍정적인 자아개념 형성 등 미술치료의 장점을 생활 속에서 활용하도록 안내한 책입니다. 이 책을 통해 미술치료를 잘 모르는 여성도 쉽게 미술치료를 이해하고, 미술치료 활동을 통해 자기 자신을 탐색할 수 있습니다. 또한 현장에서의 다양한 사례가 담겨 있어 여성의 또 다른 삶을 돌아보며, 신체적·정신적 건강에 관한 다양한 의학 정보를 얻을 수 있습니다. 자신을 알고 싶고 인생의 목표를 찾는 여성들뿐 아니라 인간관계에서 상처받고 지친 여성들, 몸과 마음이 아픈 여성들까지 미술치료를 통해 치유의 힘을 체험하고 조금씩 자신의 행복을 찾아갈 수 있습니다.

'미술'이라는 도구가 타인에게 도움을 줄 수 있다는 신념으로 시작한 미술치료는 저에게 큰 힘이 되었습니다. 이제는 미술치료가 다른 이들에게 큰 힘을 준다는 보람으로 살고 있으며, 제가 배운 것들이 더 많은 사람을 위해 쓰이면 좋겠습니다.

이 책이 다양한 모습으로 살아가는 각 연령의 여성들에게 많은 도움이 되길 희망합니다. 더 욕심을 부린다면 여성들과 함께하는 남성들도 이 책에 관심을 갖고 읽으면 좋겠습니다. 앞으로 기회가 생긴다면 남성을 위한 미술치료 책을 쓸 예정입니다. 끝으로 이 책이 완성되기까지 많은 도움을 주신 분들께 지면을 통해 진심으로 고마움을 전합니다.

김선현

추천글

　저는 의사로 일하면서 각계각층의 여성들을 만나왔습니다. 사회인으로서, 아내로서, 엄마로서, 또한 며느리와 딸로서 모든 역할을 잘 해내기 위해 고군분투하는 여성들, 꿈을 실현하기 위해 자아개발에 힘쓰는 젊은 여성들, 갱년기를 맞이하고 나서야 가족을 위해 살아온 자신을 돌아보는 중년 여성들, 더 나아가 낯선 나라인 한국에서 다문화 가정을 이룬 이주 여성들과 성폭력 피해로 고통받는 여성들까지 다양한 연령층에서 각기 다른 삶을 살아가는 여성들을 보아 왔습니다. 점점 복잡해지고 치열해지는 현대 사회에서 과연 이 여성들이 행복해지는 방법은 무엇일까 고민이었습니다.

　다양한 치료법 중 하나인 미술치료를 의료 쪽으로 도입한 김선현 교수를 통해서 '임상미술치료'라는 분야를 심도 있게 알 수 있었습니다. 그림을 그리고, 조각하며, 만들고 꾸미는 미술활동이 마음을 표현하는 통로가 되어 준다는 사실이 참으로 매력적입니다. 또한 미술치료는 자신이 만든 작품을 보고 이야기하면서 내면에 숨어 있는 무의식을 만나고, 더 나아가 신체적·정신적·사회적인 건강을 도모할 수 있는 장점이 있습니다. 무엇보다도 미술치료는 여성에게 많은 도움을 준다는 데 주목하게 되었습니다.

이번에 김선현 교수가 수많은 임상 경험을 바탕으로 신간《행복한 여성을 위한 미술치료 쉽게 하기》를 펴냈습니다. 서점에는 여성에 관한 책이 많이 출간되어 있지만, 이보다 더 쉽게 여성의 심리를 이해하고 여성 스스로가 자아를 탐색하며 성장할 수 있는 책은 없습니다. 다양한 치료 현장에서 늘 긍정적인 마음으로 임하며, 많은 여성과 함께 호흡하고 공감하려는 그녀의 노력이 책 곳곳에 담겨 있기 때문입니다.

두 아이의 엄마이자 아내, 교수이자 여성으로서 많은 역할을 잘 소화해 내는 김선현 교수를 선배 교수로서, 또한 같은 여성으로서 자랑스럽게 생각합니다.《행복한 여성을 위한 미술치료 쉽게 하기》의 출간을 축하하며, 많은 여성 독자가 이 책을 통해 자신과 같은 여성의 일상과 고민들을 새롭게 돌아보고 긍정적으로 변화하고 발전할 수 있기를 기원합니다.

한국여자의사회 회장
연세대학교 의과대학 해부학 교실 교수
박경아

차례

머리글 • 2 | 추천글 • 4
미술치료 Q&A • 124

1장 미술치료를 시작하며

미술치료가 무엇일까? • 10 | 여성에게 힘이 되는 미술치료 • 12
여성의 호르몬과 미술치료 • 14 | 미술치료로 발견하는 나 • 16

[칼럼] 동화 속 여성 – 종이 봉지 공주 • 18

2장 나를 알아 가는 미술치료

그림으로 나의 마음 살피기 • 22
  01 선으로 나의 감정 체크하기 • 23
  02 이미지로 살피는 나의 생각 • 24
  03 만다라로 나의 마음 내려놓기 • 26

글로 나의 마음 살피기 • 30
  01 나의 하루 기록하기 • 31
  02 자가 진단 설문지 • 32
  03 셀프 인터뷰로 나를 알아 가기 • 40

[칼럼] 명화 속 여성 – 프리다 칼로 • 42

3장 나를 위한 행복한 미술치료하기

나를 찾아가는 행복한 미술치료 • 46
    초기 단계 • 50 | 중기 단계 • 54 | 후기 단계 • 62

일상이 즐거워지는 미술치료 • 68
    20~30대 중반 여성 • 70 | 30대 중반~40대 여성 • 80 | 50~60대 이후 여성 • 88

[칼럼] 영화 속 여성 – 맘마미아! • 96

4장 선생님이 들려주는 미술치료 이야기

여성의 신체 질환과 미술치료 • 100

여성 탈모증 • 101	산후풍 • 108
주부습진 • 102	갱년기 증후군 • 109
요실금 • 103	자궁 근종 • 110
골다공증 • 104	유방암 • 111
월경전 증후군 • 105	갑상선암 • 112
여성 불임증 • 106	가정 폭력 • 113
산후 비만 • 107	

여성의 마음 질환과 미술치료 • 114

여성 우울증 • 115	섭식 장애 • 119
산후 우울증 • 116	불면증 • 120
화병 • 117	명절 증후군 • 121
스트레스 • 118	

[칼럼] 김선현 선생님과 미술치료 • 122

미술치료는 보기 좋고 아름다운 그림을
완성하는 것이 아니라 자신의 생각을 있는 그대로
표현하는 과정 자체에 의미가 있습니다.

1장

미술치료를 시작하며

미술치료는 미술과 치료가 만나서 상처를 치유하고 진정한 자아를 찾는 활동입니다. 언어로는 쉽게 표현하지 못하는 신체적·정신적 고통을 미술활동으로 표현하고, 작품 속에서 자신의 마음을 읽으면서 스스로를 이해하고 상처도 치유합니다. 미술치료는 보기 좋고 아름다운 그림을 완성하는 것이 아니라 자신의 생각을 있는 그대로 표현하는 과정 자체에 의미가 있습니다.

미술치료가 무엇일까? • 10 | 여성에게 힘이 되는 미술치료 • 12
여성의 호르몬과 미술치료 • 14 | 미술치료로 발견하는 나 • 16
[칼럼] 동화 속 여성 – 종이 봉지 공주 • 18

1장 미술치료를 시작하며

미술치료가 무엇일까?

🌿 미술로 공감하고 미술로 표현한다

이탈리아의 화가이자 조각가인 미켈란젤로는 '아름답다는 것은 모든 여분의 정화이다.'라고 말했습니다. 모든 사람은 '아름다움'에 끌리지만, 우리는 단 한 가지 종류의 아름다움에만 끌리지는 않습니다. 사람마다 아름다움과 관련된 경험이 다르기 때문에 아름다움 앞에서 느끼는 만족감도 달라집니다. 이렇게 사람마다 각각 다른 미를 추구하는 생각이 바로 '삶에서 나오는 여분'입니다. 이 여분이 아름다움으로 승화되었을 때 '여분의 정화'라고 합니다.

남들이 보기에는 그다지 큰 의미가 없는 그림이 때로는 내 마음을 감동으로 벅차게 합니다. 나의 경험과 가치관, 그리고 내면의 모습을 그림에서 발견할 때, 감동도 받고 아름다움도 느낄 수 있습니다.

엄마와 나 (53세)

"나의 어린 시절은 혼란과 외로움의 시간이었다. 어머니와 아버지는 내가 어릴 때 이혼을 하셨고, 어머니는 생계를 꾸려 가기 위해 나와 함께하는 시간보다 밖에서 보내는 시간이 많으셨다. 나는 항상 어머니 품이 그리웠고, 가족의 따뜻한 사랑이 부족했다.

미술치료 시간에 점토로 마음속의 감정을 마음대로 표현(55쪽 참고)해 보기로 하였다. 나의 생각과 감정이 하나가 되어 어떤 형체를 만들어 갔다. 구체적인 형태를 떠올리고 작업한 것은 아니었는데, 만들고 보니 누군가와 내가 서로 안고 있는 모습이 되었다. 오늘 만든 점토 작품에는 내 안에 숨어 있던 외로움, 부모님에 대한 그리움과 사랑, 그리고 안타까움 같은 복잡한 감정들이 어우러져 있다."

우리는 미술 재료를 활용하여 그림을 그리거나 조각을 할 때와 훌륭하게 완성하였을 때 감동과 기쁨을 얻습니다. 그렇지만 미술치료를 하면서 일어나는 감정은 이렇게 미술활동을 성공적으로 끝냈을 때 드는 감정과 성격이 다릅니다. 미술치료를 하면서 나는 무엇 때문에 기쁘고 슬프며, 힘들고 우울한지 삶을 돌아봅니다. 또한 내면의 다양한 감정이 내가 오래전부터 쌓아 온 심리적 경험의 소산물임을 발견합니다. 미술치료는 여러 활동을 통해 자신의 내면을 이해하고, 새롭게 발견한 다양한 감정을 긍정적인 방향으로 이끌어 가게 도와줍니다.

🌿 미술치료가 무엇일까?

미술치료를 하는 과정을 얼핏 본다면 일반 미술활동과 다를 바 없다고 생각할 수 있습니다. 하지만 미술치료와 미술활동은 각각 지향하는 목표가 다릅니다. 미술활동은 미술 도구의 사용법을 익히고, 아름답게 표현하는 기술을 배워서 작품을 완성하는 것이 목표라면, 미술치료는 결과보다 창작 과정의 태도를 매우 중시하고, '인격 성장'이라는 큰 목표가 있습니다. 미술활동에서는 작품의 객관적인 미적 가치를 평가하지만, 미술치료에서는 작업하는 사람의 내면을 있는 그대로 표현하고 감정적인 부분도 표출하게 돕습니다.

미술치료를 처음 접하는 사람들은 오랜만에 미술 재료와 도구를 만지는 데서 오는 낯선 느낌과 잘 만들어야 한다는 부담감을 함께 느낍니다. 하지만 미술치료에서는 재료나 도구를 잘 다루거나, 보기 좋은 작품을 만들지 않아도 좋습니다. 그저 내가 표현하고 싶은 감정이나 생각들을 있는 그대로 작품에 쏟으면 되기 때문입니다. 자신의 생각과 감정이 색깔과 형태가 있고 눈에 보이는 작품으로 승화되면서 나름대로 카타르시스를 느낍니다. 그리고 내면에 억제되거나 상실된 부분, 또는 왜곡된 부분을 새롭게 발견하면서 차근차근 자신을 이해해 갑니다. 무엇보다 나 자신이 '문제'라고 단언했던 부분도 색다른 시각에서 바라보는 여유가 생기고, 스스로를 편하게 대하며, 사회적으로나 인격적으로 즐겁게 성장해 갈 수 있는 발판이 됩니다. 이 모든 과정을 진정한 미술치료라고 할 수 있습니다.

미술치료를 하면서 내가 만든 미술 작품이 남게 됩니다. 보관할 수 있는 작품은 시간이 지난 다음에도 다시 볼 수 있어서, 작품을 통해 자신의 생각과 감정을 떠올릴 수 있는 장점이 있습니다. 또한 창작 활동인 미술치료의 과정을 통해서 특별한 노력 없이도 자연스럽게 의식을 집중할 수 있습니다. 이렇게 의식을 집중하면 몸과 마음은 차분하게 안정되고, 몸의 자연 치유력도 높아집니다.

1장 미술치료를 시작하며

여성에게 힘이 되는 미술치료

현대 여성으로 살아간다는 것

우리 인간이 살아가는 사회는 성(性)에 따라 정확하게 둘로 나누어집니다. 각자 개인이 지니고 있는 특성과는 관계없이 오직 여성인지 남성인지에 따라 완전히 다른 삶을 살아갑니다. 소녀는 초경이라는 신체적 변화를 겪으며 성적으로 성숙하고, 임신 가능한 진정한 여성으로의 삶을 시작합니다. 그리고 성인이 되면 결혼과 출산, 육아의 과정을 거치고 완경에 이르기까지 남성과는 다른 다양한 신체적 변화를 경험합니다.

지금의 여성들은 가정을 꾸리는 데 온 힘을 다하는 전통적인 성 역할을 거부하며, 자신만의 삶을 살고 싶어 합니다. 가정주부로 살아온 많은 어머니도 딸이 자신과 비슷한 모습으로 살기를 원치 않습니다. 하지만 기존 세대와는 다른, 스스로가 원하는 삶이 무엇인지 진지하게 고민해 보기도 전에 현대 여성들은 입시 경쟁과 취업 경쟁에 휩쓸려 버립니다. 자신의 삶에서 뚜렷한 목적을 찾지 못하면서 경쟁은 점점 치열해지는 상황이 오늘날 여성들에게 주어진 현실입니다.

결혼, 새로운 관계와 역할의 삶

사랑하는 사람과 함께하려는 결혼은 새로운 관계 형성을 의미합니다. 부모님의 자녀로 살았던 여성들이 새 가정을 꾸립니다. 자녀가 있거나 혹은 없는 상태로 한 가족을 이루고, 배우자의 가족과 새로운 친척 관계도 형성됩니다. 이러한 관계를 유지하기 위해 여성들은 많은 노력을 합니다. 아내, 엄마, 며느리라는 다양한 역할에 충실하다 보면 상대적으로 자신의 삶과 행복을 챙기기가 쉽지 않습니다.

또한 지금의 여성들은 결혼을 하면서 과거보다 더 깨끗하고 아름답게 살림을 가꾸고, 미식가 수준으로 음식을 맛있게 만들려고 하며, 가족을 위해 따뜻하고 정서적인 가정을 꾸리고, 자녀의 성공을 위해 더 많이 노력합니다. 챙겨야 하는 집안일은 기존 세대보다 크게 줄지 않았지만, 부모나 친척의 도움을 받기가 쉽지 않아 여전히 집안일은 힘들고 어렵습니다.

요즘에는 자아실현이나 경제적인 필요 등 다양한 이유로 직업을 갖는 기혼 여성들이 늘고 있습니다. 일과 가사, 육아를 동시에 하는 워킹맘은 항상 바쁘고 힘들지만 일 때문에 집안일과 육아를 소홀히 할 수 없습니다. 직업 역할과 주부 역할을 동시에 수행하면서 가족에게 미안함을 느끼면 일할 때의 성취감도 줄어드는데, 딜레마에 빠지는 워킹맘이 행복을 찾기가 쉽지 않습니다.

위기와 아픔, 그리고 나이 듦의 과정

여성들은 삶에서 다양한 위기를 겪고 아픔을 경험하는데, 정도에 따라 스트레스로 인한 신체 질환이 생기거나 우울증, 화병 같은 심리적 문제가 발생합니다. 여성의 위기는 가족과 주변 사람들에게 영향을 미치는데, 특히 자녀의 심리적·정신적 상태에 상당한 영향을 줍니다.

최근 들어 이혼 가정이 늘면서 배우자 없이 혼자 일하며 아이를 키우는 여성이 늘고 있습니다. 싱글맘은 아이들에게 죄책감을 느끼고, 이혼 여성에 대한 사회적 편견으로 고통받습니다. 무엇보다도 싱글맘 혼자 여러 역할을 해야 하므로 자신을 돌보지 못하는 것이 가장 큰 문제입니다.

우리나라 여성들은 산부인과를 멀리하고 여성 질환에 무심한 편이어서 뒤늦게 발견되는 유방암이나 자궁암으로 힘들어합니다. 또한 수치에 잡히지 않은 많은 산모가 산후 우울증에 시달리지만 육아 부담 때문에 방치되기도 합니다. 그리고 나이 들면서 자연스레 월경이 없어지는 현상을 가임 여성으로서 삶이 끝났다는 '폐경'이라 말하면서 나이 듦을 부정적으로 인식해 왔습니다. 최근에는 '완경'으로 그 의미를 대체하고 있는데, 시간에 따른 자연스런 몸과 마음의 변화를 긍정적으로 받아들이는 노력이 필요합니다.

여성에게 도움이 되는 미술치료

앞서 보았듯이 여성들은 학업과 취업, 결혼 등의 외적인 환경 변화와 임신, 출산, 완경의 다양한 신체 변화 속에서 자신을 돌아보기가 쉽지 않습니다. 그러나 무엇보다도 현재를 행복하고 가치 있게 살아가려면 가족을 위한 삶이기보다 내가 만족하고 내 마음이 즐거운 삶을 지향해야 하며, 그렇게 살 수 있도록 자신의 내면을 들여다보며 성장하는 과정이 필요합니다. 미술치료를 통하여 감정을 드러내고, 자신을 이해하는 과정을 거치면서 개인적으로, 또는 가정과 사회에서 원하는 바가 무엇인지 알 수 있습니다. 미술치료는 이렇게 여성이 심리적·정신적으로 건강한 삶을 살 수 있게 도와줍니다.

1장 미술치료를 시작하며

여성의 호르몬과 미술치료

호르몬이란?

사람의 뇌에서는 20여 종의 뇌내 호르몬(신경 전달 물질)이 상황에 따라 조건 반사처럼 분비됩니다. 감정이 생기는 무대는 뇌로 우리 마음의 움직임을 뇌내 호르몬이 만들어 냅니다. 뇌내 호르몬이 특정 수용체에 포착되었을 때 감정이 생겨난다는 사실이 과학적으로 규명되었습니다.

'호르몬'이란 몸과 마음의 상태를 가장 좋게 유지하고, 균형을 이룬다는 법칙에 따라 몸 구석구석에 정보를 전달하고 자극하는 화학 물질입니다. 사람마다 얼굴 생김이 다르듯, 호르몬이 분비되는 방법과 양도 달라서 각각 다른 성격과 기질, 개성을 갖게 됩니다.

| 에스트로겐

젊은 여성이 규칙적으로 생리를 하는 것은 건강하다는 증거입니다. 이렇게 생리 리듬을 만들고, 임신과 출산을 위한 몸을 만들며 유지하는 호르몬이 에스트로겐입니다. 이 호르몬은 혈액 속 콜레스테롤의 증가를 억제하거나 관상동맥의 경화를 방지하며, 뇌로 되돌아가서 도파민이나 베타 엔도르핀에 영향을 주는 등 다양한 일을 합니다. 여성은 출산 능력이 없어짐과 동시에 에스트로겐이 급격히 감소하여 피부와 머리카락, 근육과 뼈에 변화가 생기는 등 갱년기를 맞이합니다. 에스트로겐은 여성의 강인함과 아름다움을 지켜 주는 호르몬인 만큼 평생 소중히 활용해야 합니다.

| 프로게스테론

프로게스테론은 난소의 황체에서 생성·분비되는 호르몬으로 에스트로겐과 균형을 이루며, 분비되는 양에 따라 생리 리듬을 만듭니다. 에스트로겐이 뇌세포의 흥분성을 증가시키는 반면에 프로게스테론은 그 흥분성을 감소시킵니다. 프로게스테론은 자궁 내벽의 발달을 촉진하고 두껍게 유지시켜 수정란을 착상할 수 있는 자궁의 마지막 준비를 돕습니다. 임신 기간 동안에는 배란이 일어나지 않게 하고 젖샘의 발달을 자극하며, 임신이 지속되게 돕습니다. 또한 완경기 여성에게 흔히 나타나는 골다공증에도 영향을 줍니다. 보통 완경기의 10~15년 전부터 서서히 골 손실이 일어나는데, 에스트로겐은 잘 생산되더라도 뼈를 재생산하는 프로게스테론의 생산이 감소하기 때문입니다.

| 옥시토신

그리스어로 '일찍 태어나다'라는 뜻의 옥시토신은 '자궁 수축 호르몬'이라고도 합니다. 옥시토신은 아기를 낳을 때 자궁의 민무늬근을 수축시켜 진통을 유발하고 쉽게 분만할 수 있게 도우며, 젖의 분비를 촉진시켜 수유를 준비합니다. 옥시토신은 출산 때 말고도 평상시에도 분비되는데, 이때는 사랑의 묘약으로 작용하여 친밀감을 느끼게 합니다. 산모가 아기에게 강한 정서적 유대감을 느끼는 것도 옥시토신의 작용이며, 여성이 남성에게 모성 본능을 느낄 때도 왕성하게 분비됩니다.

| 세로토닌

우리 감정에 기복이 생기는 원인에는 '세로토닌'이란 호르몬이 있습니다. 세로토닌은 뇌에 정보와 소식을 전달할 뿐만 아니라, 기분에도 영향을 미칩니다. 뇌에 세로토닌 수치가 높아지면 기분이 좋아지고, 기분이 좋을 땐 세로토닌이 뇌의 기분 중추를 활성화시켜 편안함과 만족감이 들게 합니다. 세로토닌은 스트레스와 걱정에 매우 민감하게 반응합니다. 집이나 직장에서 스트레스를 받으면 세로토닌 균형에 부정적인 영향을 주고, 즐거움은 사라지며 불쾌감이 생겨납니다. 그렇지만 아름답고 좋은 일을 경험하면 다시 수치가 증가합니다. 스트레스로 세로토닌 수치가 급격하게 감소하고, 이런 상태가 지속된다면 우울증이나 불안증으로 이어질 수 있습니다.

| 부신피질자극호르몬방출호르몬

치매에 걸리면 물건을 어디에 놓았는지, 아침 식사는 무엇이었는지, 가족 이름이나 자기 나이도 생각나지 않습니다. 요즘에는 약년성 알츠하이머로 40대에도 치매 증상이 나타납니다. 치매에는 부신피질자극호르몬방출호르몬이 관여하는데, 기억을 관장하는 '해마'라는 뇌 기관에서 부신피질호르몬의 방출을 자극하는 호르몬이 분비되지 않기 때문입니다. 이 호르몬은 스트레스 방어 능력이나 위액의 양을 조절하는 데에도 관여하므로 치매에 걸릴 경우 관련 질환이 함께 나타날 확률이 높습니다.

🌿 호르몬 조절에 도움이 되는 미술치료

호르몬은 이렇게 여성들이 삶을 살아가는 데 큰 영향을 주고 있습니다. 다양한 호르몬의 작용을 이해하고 이를 긍정적으로 가져갈 수 있다면 삶의 활력은 더해질 것입니다. 미술치료는 미술 활동이라는 창의적인 행동을 통해 자신의 숨겨진 감정을 표현하는데, 이 과정에서 스트레스나 두려움, 우울은 줄어들고, 자유롭고 편안한 상태를 찾을 수 있습니다. 그리고 뇌파에 영향을 주어 편안한 감정이 드는 호르몬을 방출할 수 있게 돕습니다. 무엇보다 몸과 마음을 집중하여 내면을 표현하고, 그것을 하나의 작품으로 완성해 가는 과정을 통해 뿌듯함과 성취감, 행복을 느낄 수 있을 것입니다.

1장 미술치료를 시작하며

미술치료로 발견하는 나

🌿 마음의 힘을 키워 주는 활력소

사람들은 몸에 병이 생기고 나서야 병원을 찾아갑니다. 그렇지만 미리미리 건강을 체크하고, 생활 습관을 잘 조절한다면 심각한 질병으로부터 자유로울 수 있습니다. 마음의 병도 마찬가지입니다. 심각한 마음의 병이 생긴다면 물론 병원을 찾아가야 하지만, 그보다 평소에 자신의 마음 상태를 체크하고 건강하게 가꾸는 것이 더 중요합니다.

매일매일 우리는 다양한 일을 하고 사람을 만나면서 많은 것을 느끼고 생각하지만, 오로지 나 자신만을 돌아보며 생각과 감정을 정리하는 시간이 늘 부족합니다. 그리고 자신을 돌아보고 싶을 때 글로 써 내려가야 할지 누군가에게 얘기하면 좋을지 모를 때도 있습니다. 때로는 뭐라고 설명할 수 없는 기분인데, 그 기분을 피하고 싶어서 마음을 접어 버리기도 합니다.

이럴 때 다양한 재료와 색깔로 표현할 수 있는 미술이 자신을 돌아보고 마음의 힘을 키워 주는 좋은 도구가 됩니다. 미술치료는 미술이 지닌 창조적 힘과 자기 치유 능력, 그리고 자신의 의지로 변화를 이끌어 내는 과정입니다. 직접 그림을 그리고 무언가를 만들면서 자신도 몰랐던 생각과 감정을 조금씩 알게 됩니다. 미술치료를 통해서 평소에 자신의 마음 상태를 체크하고 운동을 하듯 꾸준하게 마음의 건강을 가꾸어 갈 수 있습니다.

🌿 나 자신을 찾아가는 지도와 나침반

'나는 누구인가?'라는 질문에 쉽게 답할 수 있는 사람은 그리 많지 않습니다. 왜냐하면 자신을 알고자 하는 의지가 생겼을 때야 비로소 이 질문을 주제로 고민할 수 있기 때문입니다. 대부분의 여성은 자신을 알고자 하는 의지조차 없이, 쳇바퀴 돌듯 무의식적으로 삶을 살아갑니다.

그러다가 문득 나는 무엇을 하고 살았는지, 지금은 무엇을 위해 사는지 몰라 좌절하고 또 우울해합니다. 또 크고 작은 문제들이 내 뜻과는 상관없이 생겨나는 것 같아 스트레스를 받습니다. 파도치듯 변해가는 나의 기분과 감정, 생각을 잘 이해하지 못할 때도 많습니다. 이렇게 일상에서 만나는 심리적인 어려움들은 결국 나 자신을 제대로 알지 못해서 생겨납니다.

그렇다면 나 자신을 제대로 아는 것은 무엇일까요? 어떻게 해야 진정한 나 자신을 발견할 수 있을까요? 우선 있는 그대로의 나와 마주하는 작업이 필요합니다. 나의 내면에 있는 솔직한 이야기를 들어보는 것이 중요합니다. 특정한 주제로 그림을 그리거나 혹은 콜라주로 만들면서 자신의 생각과 감정을 하나의 사물로 구체화합니다. 마음은 눈에 보이지 않는데, 미술치료를 하다 보면 내 마음이 작품 하나를 만들어 놓습니다. 미술치료 활동을 하기 전의 기분과 활동을 하면서 들었던 생각, 그리고 완성된 작품을 보면서 느껴지는 감정을 조용히 돌아보면, 평소에 내가 어떤 생각과 감정으로 살았는지, 더 나아가 어떻게 살고 싶은지를 이해할 수 있습니다.

미술치료 활동으로 자기 마음을 자유롭게 표현하면서 그 안에 편하게 머무르고, 자신도 몰랐던 부분을 발견하며, 또 부족한 부분은 부족한 대로 이해할 수 있다면, 우리는 '나다운 모습'을 스스로 인정할 수 있습니다. 이렇게 있는 그대로의 나를 인정하는 것이 바로 나 자신을 제대로 이해하고 발견하는 과정입니다.

삶의 질을 향상시키는 촉매제

미술치료를 통한 나 자신의 발견은 '삶의 질'을 높이는 계기가 됩니다. 미국 미시간 대학교의 잉글하트 교수는 삶의 질을 중시하는 가치관의 변화 과정을 '조용한 혁명'이라고 부릅니다. 보통 삶의 질은 건강, 의식주 등 물질적인 측면과 자유, 권리, 스트레스, 즐거움 등 정신적인 측면, 그리고 인간의 기본적인 욕구부터 문화생활과 여가 생활, 사회 참여, 자아실현의 욕구 등으로 측정합니다. 삶의 질은 본인이 직접 체험하고 느끼는 데 있기 때문에 객관적인 지표만으로 평가하기가 어렵습니다.

스트레스를 받거나 우울한 마음을 그대로 내버려 둔다면 기본적인 건강의 욕구도 충족되지 않고, 나아가 여가 생활을 즐기거나 꿈을 이룰 수도 없습니다. 삶의 질을 높이고 싶다면 몸의 건강이나 의식주는 물론, 마음의 건강도 함께 챙기는 것이 중요합니다.

미술치료로 우리는 창조적 경험을 합니다. 이 과정에서 심리적으로 외상을 입은 경험이나 미처 해결 못한 과제에 대한 이미지와 만납니다. 자신도 모르는 또 다른 모습을 보며 스스로를 알아 가고, 자신만의 에너지 흐름을 찾아갑니다. 작품을 만들수록 자신을 이해하는 폭이 넓어지고, 건강한 마음으로 삶을 누릴 힘도 생깁니다.

칼럼 종이 봉지 공주 | 동화 속 여성 |

《종이 봉지 공주》
비룡소, 1998 | 로버트 문치 글 | 마이클 마첸코 그림 | 김태희 옮김
The Paper Bag Princess by Robert Munsch © 1980 Bob Munsch Enterprises Ltd. (text),
© 1980 Michael Martchenko (art) first published by Annick Press.

《종이 봉지 공주》 이야기

　비싸고 좋은 옷들이 많고 아름다운 공주인 엘리자베스는 로널드 왕자와 결혼하기로 되어 있었어요. 어느 날, 무서운 용이 나타나서 공주가 사는 성을 부수고, 왕자도 잡아갔습니다.
　공주는 왕자를 구하려고 했는데, 옷이 다 타버려서 길에 있는 종이 봉지를 주워 입고 용을 찾으러 갔어요. 공주는 용을 지혜롭게 다루었습니다. 용을 부추겨서 불을 모두 내뿜게 하고, 세상을 한 바퀴씩 돌려서 지치게 만들었습니다. 용은 결국 너무 지쳐서 그대로 곯아떨어졌고, 공주는 로널드 왕자를 구할 수 있었어요.

　그런데 왕자는 엘리자베스를 보더니, "엘리자베스. 너 꼴이 엉망이구나! 아이고 탄내야. 머리는 온통 헝클어지고, 더럽고 찢어진 종이 봉지나 걸치고 있고. 진짜 공주처럼 챙겨 입고 다시 와!" 하고 말하였습니다. 공주는 그런 왕자에게 "그래 로널드, 넌 옷도 멋지고 머리도 단정해. 진짜 왕자 같아. 하지만 넌 겉만 번지르르한 껍데기야!"라고 말하고 결국 두 사람은 결혼하지 않습니다.

다른 동화 속의 공주들은 어떨까?

　'백설 공주'는 공주의 아름다움에 반한 왕자님 덕분에 왕비의 독 사과를 먹었는데도 살아나서 왕자와 결혼합니다. 또 낮에는 백조로, 밤에는 사람으로 살아야 하는 운명이었던 '오데트 공주'는 매일 밤마다 가시덩굴로 뜨개질하면서 왕자를 기다렸습니다. '잠자는 숲 속의 공주'는 용을 물리친 왕자가 와서 키스로 깨워 주고 결혼해서 행복하게 삽니다.

어린 시절부터 읽고, 듣고, 보아 왔던 공주님과 왕자님의 동화는 공식이 있는 것처럼 모두 비슷합니다. 착하기만 한 공주는 너무 아름다워서 주변의 시샘을 받아 위기에 처합니다. 누군가가 도와주기를 하염없이 기다리면 이웃 나라의 멋진 왕자님이 공주에게 반해 용감하게 싸워서 공주를 구해 냅니다. 그리고 동화는 결혼해서 행복하게 산다는 결말로 끝이 납니다.

어릴 적 읽은 동화책은 무의식에 많은 영향을 줍니다. 멋진 사람이 현실적 어려움을 해결하고 언제까지나 행복하게 살 거라는 달콤한 환상에 빠져들게 하지요. 무엇보다 위험한 건 공주들의 태도에 있습니다. 동화 속 공주들은 아름다운 외모만 갖고 있을 뿐 자신의 감정이나 의사를 표현하지 않습니다. 누가 괴롭혀도 당하기만 하고, 그저 하염없이 기다리면 왕자님이 나타나 모든 상황을 해결해 줍니다. 이러한 이야기만 접하면서 성장한다면 자칫 자신의 외적인 면에 더 치중하고, 또 주변을 의식하느라 자기 생각과 감정을 표현하지 못합니다. 나아가 자기 의사대로 행동하면서 상황에 적응하는 힘을 키우지 못하는 의존적인 사람이 될 수 있습니다.

《종이 봉지 공주》에서 본 여성

긍정 심리학을 공부하면서 만난 어린이용 동화책이 바로 《종이 봉지 공주》입니다. '종이 봉지 공주'는 여느 동화책에 등장하는 공주들과 달랐습니다. 이 책을 처음 읽었을 때 공주가 왕자를 구하고, 무력이 아닌 지혜를 사용해서 용을 따돌린 부분이 참신했습니다.
가장 놀라웠던 장면은 왕자의 어리석은 말에 공주가 의사를 정확히 밝히고 떠나는 것입니다.

긍정 심리학에서는 엘리자베스 공주가 옷이 없을 때 좌절하지 않는 긍정적인 자세와 주변의 종이 봉지를 주저 없이 옷으로 해 입는 적극성과 융통성을 높이 평가합니다. 공주는 왕자를 구하겠다는 목적의식이 뚜렷한 사람입니다. 여느 공주처럼 체면을 내세우거나 부정적인 감정에 묻혀 현실에 안주하지 않고, 자신의 장점을 활용해서 왕자를 구하는 용기를 갖고 있습니다. 무엇보다도 공주는 인생에서 중요한 것이 무엇인지 잘 알고 있기 때문에 아무리 힘들게 구해 낸 왕자라도 외모만으로 사람을 판단하는 건 잘못이라고 말할 수 있었습니다.

《종이 봉지 공주》는 아이들의 동화이지만 제가 여성이기에 더 마음에 남았습니다. 긍정적인 마음으로 현실의 문제를 해결하고, 자신을 진정으로 사랑할 줄 알며, 인생을 주체적으로 살아가는 모습이 참 좋았습니다. 저와 함께 미술치료를 접하는 모든 여성이 엘리자베스 공주처럼 자기 삶의 주인이 되어 당당하고 긍정적으로 인생을 살길 바랍니다.

낯설고 어색하지만 그만큼 새롭고 보람 있는
자기 탐색 작업은 스스로를 이해하고 진정한 나를 찾는
여행의 지도와 나침반이 될 것입니다.

2장

나를 알아 가는 미술치료

그림과 글을 통해 평소 나의 생각과 감정을 살펴봅니다. 나만의 상징은 그림 속 이미지로 형상화되어 의식과 무의식의 세계를 보여 줍니다. 나에게 질문을 던져 곰곰이 생각하고 해답을 구하면서 내면의 소리에 귀를 기울일 수 있습니다. 낯설고 어색하지만 그만큼 새롭고 보람 있는 자기 탐색 작업은 스스로를 이해하고 진정한 나를 찾는 여행의 지도와 나침반이 될 것입니다.

그림으로 나의 마음 살피기 • 22
글로 나의 마음 살피기 • 30
[칼럼] 명화 속 여성 – 프리다 칼로 • 42

2장 나를 알아 가는 미술치료
그림으로 나의 마음 살피기

내면으로 여행을 떠나는 당신에게

보통 '여행'을 떠난다고 하면 목적지와 여행 기간, 여행지에서 할 일을 미리 정합니다. 때로는 무작정 떠나면 뭔가 주어지는 게 있으리란 희망으로 아무런 준비를 하지 않지요. 그렇지만 준비를 하고 떠난 여행과 준비 없이 떠난 여행은 여행 과정과 그 후 느끼는 점에서 많은 차이가 있습니다. 더 많이 경험하고 느끼고 싶다면 미리 계획을 세우고 준비를 해야 합니다.

사람들은 미술치료를 여행에 비유합니다. 바로 '진정한 나를 찾기 위해 마음으로 떠나는 여행'이지요. 일반적인 여행과 마찬가지로 미술치료를 통해 발전적인 내면 여행을 하려면 준비가 필요합니다. 여기서 소개하는 '그림으로 나의 마음 살피기'를 통해 나의 마음은 어떤지, 현재 느껴지는 어려움이 있는지, 나도 알지 못한 감정의 깊이가 어떠한지를 알아봅니다. 이렇게 내 마음을 조금씩 알아 가면서 미술치료를 경험한다면 편안하게 내면 여행을 시작할 수 있습니다.

그림이 좋은 이유

미술치료를 할 때 그림은 나를 파악하는 도구로 사용됩니다. 그림은 가장 단순하고도 풍부하게 나를 표현할 수 있는 방법입니다. 그림에 나타난 표현은 그린 사람의 개인적 이야기로 의식적이면서도 무의식적인 내용을 담고 있습니다. 그러므로 가장 편안하고 자유로운 상태에서 그림을 그릴 수 있게 환경을 조성하는 것이 중요합니다. 또한 그림을 잘 그리려고 하거나 애써 포장해서 감출 필요 없이 편안한 마음으로 작업하면 됩니다.

지금부터 나의 마음을 살피는 작업을 시작합니다. 간단한 선을 통해 감정을 체크하기도 하고, 상징적인 문양이나 기호, 그림으로 사람들과의 관계를 생각해 봅니다. 그림을 그린 후 느껴지는 기분과 감정을 돌이켜 봅니다. 또 주어진 해석을 바탕으로 나의 그림은 어떤 의미인지 생각합니다. 전문가의 도움 없이 그림을 객관적으로 해석하기가 쉽지 않지만, 주어진 자료를 토대로 나를 객관적으로 돌아보려고 한다면 차츰 정확하게 내 마음을 들여다볼 수 있을 것입니다.

그림으로 나의 마음 살피기
01 선으로 나의 감정 체크하기

이렇게 해 봐요 | 준비물 : 빈 카드(A4 용지 반 장 크기) 4~6장, 색연필, 파스텔, 크레파스 등 채색 도구, 연필, 지우개

01 내가 표현하고 싶은 감정을 순서대로 떠올려 봅니다.

02 카드 한 장에 하나씩 떠오르는 감정에 대한 느낌을 원하는 채색 도구를 써서 선으로 표현합니다.

03 선 이외에 더 표현하고 싶은 것이 있으면 자유롭게 그림을 더 그립니다.

04 그리기가 끝나면 각각의 감정을 가장 많이 느끼게 한 일을 떠올려 봅니다.

05 떠오른 일과 감정, 그림을 연결 지어 생각한 뒤, 그림에 제목을 붙입니다.

생각해 볼까요

가장 먼저 떠오른 감정은 나의 마음에서 가장 많은 부분을 차지하는 감정입니다. 그러나 때로는 솔직한 감정을 드러내기 힘들어 반대의 감정을 표현하는 경우도 있습니다. 자신의 감정을 솔직하게 표현하고, 그대로 바라본다는 것은 쉽지 않습니다. 누구에게 보여 주기 위한 것이 아니라 나만을 위한 미술치료 과정이라고 생각한다면 좀 더 쉽게 작업할 수 있습니다. 그저 나의 정확한 감정 상태를 찾으려는 마음으로 그림을 그려 보세요.

선은 그림의 의미를 읽는 중요한 도구입니다. 선으로 운동성, 방향성, 활기와 허약함, 자극성 등을 표현할 수 있어 그리는 사람의 심리적·육체적 상태가 모두 반영됩니다. 각각의 선 모양을 보고 그린 사람의 심리적 상태를 파악할 수 있는데, 예를 들어 강한 필압과 진한 색깔의 선은 강한 에너지와 욕구를 드러내는 것으로 볼 수 있습니다.

 Tip
- **수직선** : 바로 서 있는 것, 조용한 침착성
- **수평선** : 고요, 편안함, 현세적
- **대각선** : 에너지가 넘치는 표현, 상승 혹은 추락, 역동성
- **물결선** : 상하의 운동성, 감각적 민감성
- **원, 반원** : 고요, 보호, 영원성, 완벽성, 초월, 자기 체험, 운동성
- **강한 선** : 창의적 힘, 내면에 영향을 미치는 독창적 힘
- **가는 선** : 의지박약, 약한 에너지
- **격렬한 선** : 난폭성, 무절제, 분노
- **엉켜 있고 헝클어진 선** : 절제되지 않은 강한 본능, 격앙과 흥분

그림으로 나의 마음 살피기
02 이미지로 살피는 나의 생각

이렇게 해 봐요 | 준비물 : A4용지(혹은 8절 도화지), 검은색 매직, 색연필, 크레파스, 연필, 지우개

01 매직으로 종이에 테두리를 그리고, 아래 예시처럼 가로세로를 3×3으로 아홉 칸을 만들어 선을 그립니다.
02 그림 그릴 방향을 정하고(방향은 무관하지만, 오른쪽 아래에서 시작하고 가운데서 끝내도록 합니다).
　나에 대해 떠오르는 대로, 생각나는 순서대로 각각의 칸 속에 자유롭게 그림을 그립니다.
　이때 나 이외에 어머니, 아버지, 배우자, 자녀, 친구 등 특정한 대상을 주제로 그림을 그려도 좋습니다.
03 각 그림에 간단한 설명을 써넣고, 채색 도구를 이용하여 색칠합니다.
04 그림을 다 그리면 그림 전체적으로 어떤 주제가 떠오르는지 생각합니다.
05 그림에서 떠오른 일과 감정을 연결 지어 생각해 봅니다.

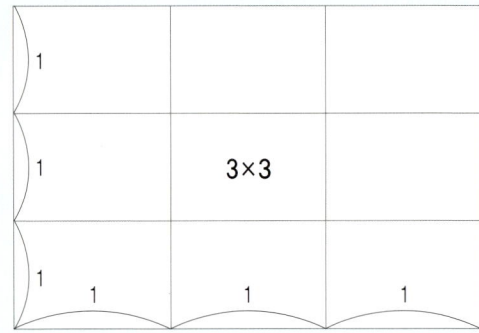
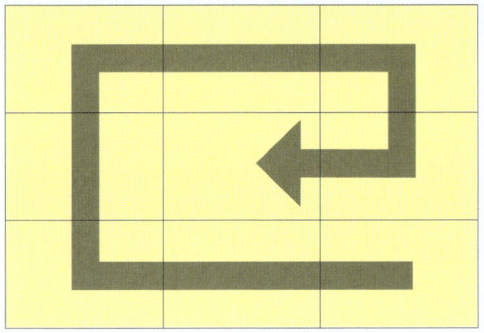

나의 생각을 어떻게 살필까?

나 자신, 가족, 친구에 대한 이미지를 더욱 깊게 다룰 수 있는 도구가 아홉 칸으로 나눈 도화지입니다. 아홉 칸의 화면에 가족이나 친구의 이미지를 쉽게 표현하고, 다양한 모습으로 자유롭게 그릴 수 있기 때문에, 자신의 마음속에 있는 대상에 대한 깊이 있고 복합적인 이미지를 대부분 확인할 수 있습니다.

또한 그림을 그릴 공간이 작아지므로 그릴 수 있는 내용에서 제한을 받습니다. 이렇게 공간이 작아지면, 그만큼 상징성이 더욱 강조될 수 있습니다.

그림 그린 순서를 깊게 생각해 보고 추적하여, 그림 속 대상에 대한 감정 변화와 의미를 정리할 수 있습니다. 그림 속에 나타난 자신의 모습이나, 특정 사람을 나타내는 그림 혹은 그 사람의 소유물 그림 등 상징처럼 그린 그림에는 매우 중요한 정서적 내용이 반영됩니다.

생각해 볼까요

아홉 칸으로 나눈 도화지에 그린 그림은 개인적인 의미를 내포한 상징이므로 별도의 객관적인 해석 방법은 없습니다. 그림을 완성한 다음, 그린 순서가 어떤 의미인지, 각각의 그림은 어떤 느낌을 주는지 떠올려 봅니다. 그림을 그리면서 간단하게 설명을 써도 좋습니다.

엄마의 인내심	춤바람	명절 때 떡 해 오시는 모습
엄마의 보청기	토끼털 목도리	가장 좋아하시는 과일
엄마의 도시락	천사 같은 엄마	인공 관절 수술

다. 또한 그림을 전체적으로 살펴보면서 그린 대상에 대해 어떤 감정과 생각이 드는지 차분하게 떠올려 봅니다.

초기에 그린 그림은 가장 먼저 떠오르는 상징성과 대상의 현재 상황을 표현하는 경우가 많습니다. 순서가 나중으로 갈수록 대상과 얽힌 추억들이 나타납니다. 자신과 연관성이 클수록 많은 사건의 상징성을 그림으로 표현할 수 있습니다. 이 기법으로 그린 대상이 자기 삶에 미친 영향과 대상과의 관계를 이해할 수 있고, 감정의 정화 작용도 느낄 수 있습니다.

그림으로 나의 마음 살피기
03 만다라로 나의 마음 내려놓기

🌿 이렇게 해 봐요 | 준비물 : 도화지, 원을 그릴 수 있는 도구, 색연필, 크레파스 등 채색 도구, 연필, 지우개

01 조용한 분위기에서 눈을 감고 명상을 합니다. 이때 조용한 음악을 들으면서 안정을 취하면 더 효과적으로 작업할 수 있습니다.

02 몸과 마음이 이완될 수 있도록 호흡을 길게 합니다.

03 도화지에 컴퍼스나 원을 그릴 수 있는 도구를 이용하여 원을 그립니다. 이때 원의 크기는 본인이 원하는 대로 정합니다. 만다라 안에 직접 문양을 그리기가 어렵다면, 문양이 미리 그려진 도안을 준비하여(부록 참고) 마음에 드는 것을 고릅니다.

04 원 안에 자유롭게 그림을 그리거나, 만다라 도안에 색을 칠합니다. 이때 원 바깥쪽에도 그림을 자유롭게 그릴 수 있습니다.

05 만다라를 완성하면 작품에 제목을 붙이고, 조용히 작품을 바라보면서 드는 감정을 느껴 봅니다. 옆에 가족이나 친구가 있다면 만다라 작업 과정이나 느낌에 대해 이야기를 나눕니다.

🌿 만다라가 무엇일까?

만다라 그리기는 원 안에 그림을 그리고 색칠하면서 감정을 자연스럽게 표현하는 활동으로 자신의 심리 상태를 알 수 있고, 만다라를 그리는 과정에서 집중하며, 또 내적인 조화와 균형을 이루는 힘을 주기 때문에 치료 효과가 있는 대표적인 미술치료 기법입니다. 심리학자 융(Jung)이 최초로 만다라의 의미를 발견하고 보급하였습니다. 만다라가 인간 정신에 끼치는 영향을 탐구한 그는 만다라를 그리는 생생한 체험을 통해 진정한 자기의 모습을 발견한다고 하였습니다.

🌿 생각해 볼까요

만다라를 그린 사람이 처한 상황이나 컨디션에 따라 만다라의 크기와 형태가 변하거나 색에도 변화가 생깁니다. 성향이 대담한 사람은 만다라 원을 크게 그립니다. 원을 작게 그린 사람은 꼼꼼하거나 소심할 수 있습니다. 또한 만다라의 진행 방향에 따라 에너지의 발산·집중 상태를 엿볼 수 있습니다. 원 바깥쪽을 향해 활발하게 표현하면 외향적인 성향이, 반대로 원 안쪽을 향해 표현하면 내성적이고 침착한 성향이 있음을 알 수 있습니다.

만다라에 표현한 색을 통해서도 심리적 상태를 파악할 수 있습니다. 만다라 색의 의미를 이해하는 건 우리 마음속의 중심을 보는 것과 같습니다. 색에 대한 의미와 해석이 명확할 때도 있지만 반면에 이해되지 않을 수도 있습니다. 또 하나의 색이 여러 가지 의미를 지니기도 합니다.

아래에 제시한 '만다라의 형태 상징'과 '만다라 형태의 개수 상징', '만다라의 색 상징'은 여러분이 만다라를 통해 자신을 새롭게 이해하는 자료로서 참고하면 좋습니다.

만다라의 형태 상징

형태	의미
원	원 안에 있는 것들을 보호하고 제한하는 의미를 가지고 있습니다. 시작과 끝이 없는 영원성을 상징하며 움직임을 동반한 운동을 나타내기도 합니다.
사각형	만다라에 자주 나타나는 원 안의 사각형은 자기 자신을 의미합니다. 자아정체감을 정립하거나 부모에게서 독립하는 시기에 원 안에 사각형이 나타나는 특성이 있습니다.
나선형	시계 방향으로 돌아가는 나선형은 의식적·현실적으로 움직이는 힘이며, 시계 반대 방향으로 돌아가는 나선형은 무의식적으로 움직이는 힘을 나타냅니다.
삼각형	위를 향한 삼각형은 새로운 탄생, 창조, 단정적인 자기 주장, 무의식의 표출을 의미합니다. 아래를 향한 삼각형은 상실의 경험, 삶과 죽음에 대한 인지의 시작을 의미합니다. 하나 또는 여러 개의 삼각형이 만다라 바깥쪽을 향하는 것은 공격적인 에너지가 밖으로 표출됨을 의미하며, 중심으로 향하는 것은 공격적인 에너지가 자신의 내면을 향하고 있음을 의미합니다.
십자가	우리에게 내재된 모순적인 요소들이 조화를 이뤄 가는 것으로 해석할 수 있습니다.
눈	만다라에 단 하나의 눈이 그려지면 자기 자신을 상징하는 것으로 정체성에 관한 메시지를 담고 있습니다. 눈이 여러 개일 때에는 관찰당하는 느낌의 표현일 수 있고 혹은 내면의 무의식이 보는 눈을 의미하기도 합니다.
나무	나무는 자기 자신의 상징입니다. 가지가 부러져 있는 경우 심리적인 상처가 있음을 의미하며, 나뭇가지와 나뭇잎은 인간관계에 대한 메시지를 전달합니다. 나무가 만다라 원의 둘레를 벗어날 때에는 주변 환경에서 벗어나 성장하고 싶은 마음을 나타낸 것으로 볼 수 있습니다.
꽃	꽃은 새롭게 출발할 수 있는 시기가 왔음을 의미하며, 아이의 탄생을 기다리고 있음을 뜻합니다. 만다라에 있는 꽃을 해석할 때에는 몇 개의 꽃이 몇 개의 꽃잎을 가지고 있으며, 어떤 색상인지 살펴보는 것이 의미를 해석하는 데 도움이 됩니다.
별	단 하나의 별이 그려지면, 독립된 영혼으로서의 자신을 표현하고, 정체성을 확립하며 목표를 달성하기 위한 확고한 자세가 되어 있음을 의미합니다. 여러 개의 작은 별들이 그려진다면, 무수한 잠재력과 경쟁심이 있음을 뜻합니다.
거미줄	거미줄은 반복적이며 규칙적인 형태를 지니는데, 끝없이 변화하고 새롭게 태어나는 자신을 상징합니다. 만다라의 거미줄은 잊고 있던 성장기의 기억을 나타내기도 하며, 새로운 성장을 준비하는 과정을 뜻하기도 합니다.
무지개	어두운 과거를 뒤로 하고 내면의 상처가 치유되고 있음을 의미합니다. 무지개의 일곱 가지 색은 숫자 7과 관련지어 해석할 수도 있습니다.

만다라 형태의 개수 상징

형태	의미
1	하나의 단위, 시작을 의미합니다. 대립되는 갈등이 없는 마음의 상태를 나타내기도 하며, 순수함을 표현하기도 합니다. 자신이 제일이라는 이기주의적 의미를 지니기도 합니다.
2	짝수는 불완전한 인간과 관계 있는 숫자입니다. 긴장, 불안, 분리, 갈등을 내포하며, 대립되는 상황에서의 조화로운 해결과 치유를 의미하기도 합니다. 또한 남녀, 어둠과 빛, 결혼을 상징하기도 합니다.
3	삼위일체의 상징으로 숫자 3은 생명력, 에너지, 활력을 의미합니다. 또한 아이의 탄생으로 가족이 탄생되거나, 부모로부터 분리되어 독립된 정체성을 찾아가는 과정을 의미하기도 합니다.
4	균형, 전체성, 완성을 의미합니다. 사계절과 같은 자연적인 질서와 관계가 깊은 숫자로, 자기의 자리를 찾아 질서를 회복하려는 정체감을 뜻합니다.
5	자연적인 전체성, 완전성을 나타내는 숫자로 꽃잎, 불가사리 등의 형태로 많이 나타납니다. 현실에 능동적으로 대처함을 뜻하기도 하며, 현실을 향한 개인적인 꿈과 목적이 내면에 있음을 의미하기도 합니다.
6	창조성과 완전함, 조화, 성숙과 완성을 뜻합니다. 자신이 노력하고 투자하던 일이 완성되고, 이후의 휴식, 공허함을 뜻합니다. 혹은 자신의 내면이 좀 더 깊이 성숙하고 조화를 이루었음을 상징하기도 합니다.
7	만다라에 일곱 개의 형태가 나타나면 우리 삶에서 무언가가 완성되고 마감됨을 의미합니다. 숫자 7 자체의 신성함으로 행운을 상징하기도 합니다.
8	안정감, 조화, 영원성, 균형 등을 의미하며, 끊임없는 변형을 창출해 나가는 삶을 표현합니다.
9	인간 존재의 신비로움과 우리를 강화시키는 영적인 에너지를 뜻합니다. 혹은 신체와 정신이 영적인 에너지와 조화를 이루는 것을 의미합니다.
10	완성, 완벽, 현실을 나타내는 숫자입니다. 전통적인 윤리 의식이 강함을 뜻하며, 삶에 능동적이고 구체적으로 대처하는 자세를 지녔음을 알 수 있습니다.
11	숫자 11은 숫자 10에 하나가 더해진 숫자로 무엇인가 초과한 변화와 갈등, 도전 등을 의미합니다. 자신의 존재를 좀 더 완전하게 하는 변화 과정에서 갈등이 있음을 상징하는 경우가 많습니다.
12	열두 달마다 지난해를 마감하고 새로운 해를 시작하는 우리에게 숫자 12는 시간의 경과, 순환의 완성, 자연의 질서 등을 상징합니다. 전체의 완성과 성장을 위한 끊임없는 노력의 표현이기도 합니다.
13	하나의 주기가 되는 숫자 12보다 하나가 더 많은 숫자로 혼란, 불행을 가져오는 의미로 인식되어 왔습니다. 만다라의 형태 열세 개는 과거의 혼란과 혼동, 불행으로부터 새롭게 출발하려는 의지를 나타냅니다.

만다라의 색 상징

색상	의미	해석
검은색	죽음, 상실, 슬픔, 분노, 우울, 자아의 상실	모든 삶의 시작과 끝을 의미합니다.
흰색	순결, 정직, 진실, 완전주의, 압박감	빛을 대변하는 색으로, 여백으로 표현한 흰색은 변화를 받아들이려는 자세로 볼 수 있습니다.

색상	의미	해석
회색	우울, 무기력, 회고, 무관심, 죄책감	중성적인 색으로 우울증을 경험한 사람들의 만다라에 많습니다.
빨간색	고통, 분노, 불안, 격한 감정, 따뜻함, 에너지, 열정	충동적인 에너지를 나타내지만, 개인에 따라서 따뜻함과 에너지 넘치는 색상으로 표현되기도 합니다.
파란색	고요, 평안, 평화, 안정, 천국, 영원, 냉담함, 공허함	만다라 속 파란색은 어머니의 사랑과 연관될 수 있습니다. 연한 파란색은 어머니상의 긍정적인 면을, 어두운 파란색은 부정적인 어머니상을 나타냅니다.
노란색	밝음, 따뜻함, 즐거움, 의지, 풍부함	노란색이 압도적으로 많은 경우 자신의 어두운 면을 숨기기 위해 지나치게 밝게 보이려는 노력이라고 할 수 있습니다.
초록색	생명, 건강, 조화, 창조, 치유	남을 도와주려는 성향을 지닌 사람들의 만다라에서 초록색이 많이 나타납니다.
갈색	소박, 고난의 극복, 신뢰, 슬픔, 가난, 포기	적갈색은 빨간색이 어둡게 표현된 것으로, 아직 치유되지 못한 과거의 상처를 의미합니다.
주황색	자기 주장, 자존심, 자의식을 강하게 표현함과 동시에 자기 회의와 무기력함, 염려하는 이중성 지님	빨간색과 노란색이 혼합된 주황색은 두 가지 색이 갖고 있는 이중적 의미를 지닙니다.
분홍색	낭만, 우아, 애정, 허약함, 보호 욕구, 경쟁심 상실	신체적인 질병이나 스트레스 경험하고 있는 사람들에게서 분홍색이 많이 나타납니다.
보라색	고귀함, 신비함, 창의적, 성장, 우울, 내적 긴장	보라색은 일상적이지 않음을 상징하는 색으로, 압도적으로 많이 사용되면 자기 중심적이고 권위적인 성향이 있음을 의미합니다.

2장 나를 알아 가는 미술치료
글로 나의 마음 살피기

글이 좋은 이유

색연필이나 크레파스를 써 본 지도 오래되었고, 마음속에서 이미지가 잘 떠오르지 않을 때는 그림보다는 글로 나의 마음을 살핍니다. 조금이라도 편하고 익숙한 방법으로 내 마음을 살피는 것이 좋습니다.

사실은 말이나 글을 통해서는 인간 내면 깊숙이에 있는 무의식적 차원으로 접근하기가 쉽지 않아서 무의식이 투사되어 마음을 볼 수 있는 그림을 선호합니다. 그렇지만 글은 구체적인 상황을 물어보는 장점이 있어 쉽게 내면 여행을 시작할 수 있고, 또 마음을 집중할 수 있습니다. 단어로 글쓰기를 시작하면 연상하기가 쉽습니다.

여기서 소개하는 '글로 나의 마음 살피기'를 통해 평소에 나는 어떤 생각을 갖고 있는지, 지금 내 마음은 어떤 상태인지, 그리고 시간을 두고 살펴볼 부분은 무엇인지 알아봅니다. 글로 나의 마음을 살피는 동안 그림으로 표현하고 싶다면, 빈 공간에 편안하게 그림을 그리고 채색 도구로 색칠해도 됩니다. 또한 '그림으로 나의 마음 살피기'와 작업을 함께 해 나가도 좋습니다.

생각을 모으고 간직하고 들여다보기

나의 하루를 돌이켜 볼 때 처음부터 긴 글을 쓰기가 쉽지 않습니다. 그렇다면 나의 하루를 담을 수 있는 단어나 문장을 남겨 보세요. 하루 중 기억에 남는 일이나 그 일에 대한 생각과 감정을 기록해 놓고 나중에 살펴보면 예전의 내 모습을 확인할 수 있고, 또 나의 감정 변화에 대해 가장 잘 알 수 있는 밑거름이 됩니다.

또한 여섯 가지 '자가 진단 설문지'를 통해 나의 현 상태를 더 객관적으로 확인할 수 있습니다. 자가 진단 설문지는 필요할 때마다 언제든 활용할 수 있으며, '셀프 인터뷰로 나를 알아 가기'를 통해 나에게 인터뷰를 하듯 질문을 던지고 답을 찾아보면서 나의 생각과 감정을 정확하게 살펴볼 수 있습니다.

글로 나의 마음 살피기
01 나의 하루 기록하기

🌸 이렇게 해 봐요 | 준비물 : 빈 노트나 일기장, 채색 도구나 카메라, 펜, 연필, 지우개

01 하루 중 가장 여유 있는 시간을 정합니다.

02 하루에 있었던 일을 돌이켜 봅니다.
좋았던 일, 뿌듯한 일, 후회되는 일, 힘든 일 등 가장 기억에 남는 일을 찾아봅니다.

03 빈 노트나 일기장에 나의 하루를 기록합니다.
글로 쓰기 어려울 때는 생각나는 단어를 나열하거나 짧은 문장으로 표현합니다. 이때 생각나는 한 장면을 그림으로 그려도 좋고, 색깔로 표현해도 되며, 사진을 찍어도 좋습니다.

> **Tip 나의 지난날 돌아보기**
>
> 오래된 책장 구석에서 찾아낸 옛날 일기장을 보며 시간 여행을 합니다. 어린 시절 겪은 일들, 그때의 감정과 상황을 돌이켜 보세요. 때로는 웃음이 나기도 하고, 슬픔에 빠지기도 할 것입니다. '지금의 성숙한 내가 과거로 돌아간다면 어떨까?' 하는 생각으로 지난 일기장을 본다면, 내가 살고 있는 현재의 시간과 내 모습이 새롭게 느껴질 것입니다.
>
> 지난 일기장을 이렇게 살펴보세요. 내가 어떤 일을 겪었고, 어떤 생각과 느낌을 주로 가졌는지 글이나 그림으로 정리합니다. 1년 단위로 노트 펼침면에 정리하면, 지난 순간들이 파노라마처럼 한눈에 펼쳐집니다. 이 활동으로 다양한 나의 모습을 이해할 수 있습니다.

🌸 생각해 볼까요

나를 가장 솔직하게 드러낼 수 있는 장소가 바로 '일기장'입니다. 아무에게도 들키지 않고 마음껏 내 마음을 표현하기 때문에, 손수 쓴 일기는 나를 잘 이해할 수 있는 도구가 됩니다.

지난 일기를 펼쳐 보면 어느 때 내가 행복하다고 느꼈는지, 언제 자신감을 갖는지 등 작지만 큰 계기를 발견할 수 있습니다. 또한 어느 순간부터 내 마음에 어려움이 생겼는지를 살펴보기도 하는데, 이러한 작업은 혹시 있을지 모를 마음의 병을 낫게 할 기초가 됩니다.

바쁜 일상에 쫓겨 일기 쓸 시간이 없다면, 다이어리에 짧은 글로 하루를 정리해 보세요. 글이나 그림, 사진 등 매체에 상관없이 솔직하게 내 마음을 표현하고 기록하는 작업이 중요합니다.

글로 나의 마음 살피기
02 자가 진단 설문지

01 심리적 안녕감

다음 문항은 여러분이 평소에 자신의 삶에서 느끼는 점에 관한 질문입니다. 문항을 읽고 자신과 가장 가깝다고 생각되는 번호에 표시해 보세요.

	문항	매우 그렇다 (5점)	그렇다 (4점)	보통이다 (3점)	그렇지 않다 (2점)	전혀 그렇지 않다 (1점)
1	현재 내 생활 영역을 넓힐 생각이 없다.					
2	지난 시간을 돌이켜 볼 때 현재 결과에 만족한다.					
3	친구들과 친밀한 관계를 유지하는 것이 어렵고 힘들다.					
4	많은 사람과 의견이 달라도 내 의견을 분명히 말한다.					
5	그저 하루하루를 살아가고 있을 뿐 장래에 대해서는 별로 생각하지 않는다.					
6	나 자신에 대해 자부심과 자신감을 갖고 있다.					
7	내 고민을 털어 놓을 가까운 친구가 별로 없어 가끔 외로움을 느낀다.					
8	과거에는 나 자신이 혼자 목표를 세우곤 했지만, 지금 돌이켜 보면 시간 낭비였던 것 같다.					
9	일상생활에서 내가 해야 할 책임들을 잘 해내고 있다.					
10	나는 무슨 일을 결정하는 데 다른 사람들의 영향을 받지 않는 편이다.					
11	내가 해야 할 일들이 힘겹게 느껴질 때가 있다.					
12	가끔 매일하는 일들이 사소하고 중요하지 않은 것처럼 느껴진다.					
13	나는 내 성격의 거의 모든 면을 좋아한다.					
14	정말 필요할 때 내 말에 귀를 기울여 줄 사람이 많지 않다.					
15	나는 자기 의견이 강한 사람의 영향을 받는 편이다.					
16	지난 시간을 돌이켜 보면 나 자신이 크게 발전하지 못했다.					
17	나는 내 인생에서 무엇을 성취하려고 하는지 잘 모르겠다.					
18	과거에 실수를 저지르기도 했지만, 전체적으로는 모든 일이 매우 잘 되었다고 생각한다.					
19	나는 대체로 나의 개인적인 문제를 잘 처리하고 있다.					

	문항	매우 그렇다 (5점)	그렇다 (4점)	보통이다 (3점)	그렇지 않다 (2점)	전혀 그렇지 않다 (1점)
20	대부분의 사람이 나보다 친구를 더 많이 갖고 있는 것 같다.					
21	나는 미래의 계획을 짜고 그 계획을 실현하려고 노력하는 과정을 즐긴다.					
22	내 의견이 비록 다른 사람들의 의견과 반대되는 경우가 있더라도 나는 내 의견이 옳다고 확신한다.					
23	나는 시간 활용을 잘해서 해야 할 일을 제 시간에 맞게 처리해 나갈 수 있다.					
24	그동안 한 개인으로서 크게 발전해 왔다고 생각한다.					
25	내가 세운 계획은 어떻게 해서라도 실천하려고 노력한다.					
26	서로 의견이 분분한 문제들에 대해서 나의 의견을 내세우지 못한다.					
27	지금의 생활 방식을 바꾸어야 할 새로운 상황에 처하는 것을 싫어한다.					
28	과거를 돌이켜 보면 좋았던 때도 있고, 힘들었던 때도 있지만 대체로 만족한다.					
29	내 인생을 크게 개선하거나 바꾸겠다는 생각은 이미 버렸다.					
30	나를 친구나 친척과 비교할 때면 나 자신이 흐뭇하게 느껴진다.					
31	나 스스로 정한 기준으로 나를 평가하지, 남들의 기준에 의해 나를 평가하지 않는다.					
32	나의 생활 방식을 내 맘에 들도록 만들어 올 수 있었다.					
33	지금까지 살아온 삶의 방식을 뒤늦게 바꿀 수는 없다고 생각한다.					
34	다른 사람들과 다정하고 신뢰 깊은 관계를 별로 경험하지 못했다.					

Tip 심리적 안녕감 평가 지표

'심리적 안녕감'은 삶을 수용하고, 긍정적 대인 관계를 유지하며, 자신의 잠재력을 실현시키려는 척도를 말합니다. 설문지를 작성한 다음 색깔이 없는 문항의 점수끼리 합산하고, 색깔이 있는 문항의 점수끼리 합산해 보세요. 설문지에는 긍정 문항과 부정 문항이 섞여 있어서 점수 지표를 나타낼 수 없지만 색깔이 없는 문항의 점수 합이 높을수록 심리적 안녕감 높다는 뜻이며, 색깔이 있는 문항의 점수 합이 높을수록 심리적 안녕감이 낮다는 뜻입니다.

이 설문지는 일시적으로 지금 마음이 편한지 혹은 속상한지의 상태를 진단하는 것은 아닙니다. 평소 자신의 삶에 있어서 심리적으로 느끼는 행복이나 만족도가 어느 정도인지를 가늠하는 기준이기 때문에 이 설문 결과와 지금의 기분을 연관 짓는 데는 무리가 있습니다. 심리적 안녕감이 많이 낮다면 전문가의 도움을 받는 것이 좋습니다.

02 생활 만족도

다음 문항은 여러분의 생활에 대한 만족 정도를 묻는 것입니다. 자신이 동의하거나 동의하지 않는 정도를 해당하는 번호에 표시해 보세요.

	문항	매우 그렇다 (5점)	그렇다 (4점)	보통이다 (3점)	그렇지 않다 (2점)	전혀 그렇지 않다 (1점)
1	나는 과거보다 현재에 모든 일이 더 나아지고 있다고 생각한다.					
2	나는 내가 아는 대부분의 사람보다 인생에 있어 우여곡절이 많다고 생각한다.					
3	지금이 내 인생에 가장 암담한 시기이다.					
4	나는 내가 더 어렸을 때 더 행복했다.					
5	내 미래는 지금보다 더 행복해질 수 있다.					
6	올해는 내 인생의 최고의 해이다.					
7	나는 현재 생활이 지루하거나 단조롭다.					
8	나는 미래에 즐겁고 흥미 있는 어떤 일이 생기기를 기대한다.					
9	내가 하는 일은 평소 그랬듯이 흥미 있다.					
10	나는 현재 생활에 다소 지쳐 있다.					
11	나는 지난 인생을 돌아봤을 때 상당히 만족스럽다.					
12	나는 내가 과거를 바꿀 수 있더라도 바꾸고 싶지 않다.					
13	내 나이의 다른 사람들과 비교했을 때 나는 외모를 잘 가꾸었다.					
14	나는 지금으로부터 한 달이나 일 년 후의 계획을 세운다.					
15	내 생활을 뒤돌아보면 내가 원했던 대부분의 중요한 것들을 얻지 못했다.					
16	다른 사람과 비교해서 나는 자주 우울해지곤 한다.					
17	나는 살면서 기대했던 것보다 상당히 많은 것을 얻었다.					
18	나의 주변 사람들은 나의 생활을 평가할 때 더 나빠지고 있다고 말한다.					

> **Tip** 생활 만족도 평가 지표
>
> '생활 만족도' 설문은 자신의 삶에 얼마나 만족하고 있는지 확인해 보는 것이 목적입니다. 스스로의 삶에 만족하지 못한다는 생각이 들 때 설문지를 작성해 보세요. 자신의 현재 위치를 파악하고 만족도를 높이기 위한 노력이 필요합니다. 설문지 작성 후 색깔이 없는 문항의 점수끼리 합산하고, 색깔이 있는 문항의 점수끼리 합산해 보세요. 색깔이 없는 문항의 점수 합이 높을수록 자신의 생활 만족도가 높다는 뜻이며, 색깔이 있는 문항의 점수 합이 높을수록 생활 만족도가 낮음을 의미합니다.

03 심리적 행복감

다음 문항은 여러분이 평소에 어떤 행동을 했을 때 느끼는 심리적 행복감에 관한 질문입니다. 문항을 잘 읽고 솔직하게 체크해 보세요.

	문항	매우 그렇다 (5점)	그렇다 (4점)	보통이다 (3점)	그렇지 않다 (2점)	전혀 그렇지 않다 (1점)
1	나는 일상생활에서 항상 즐거움을 느낀다.					
2	나는 모든 일을 할 때 흥에 도취한다.					
3	나는 어떤 활동이나 활동 자체에 몰두한다.					
4	나는 항상 모든 일에 명확한 목표를 가진다.					
5	나는 모든 활동에서 성취감을 느낀다.					
6	나는 항상 나 자신을 마음껏 표현한다.					
7	나는 항상 모든 일에 만족감을 느낀다.					
8	나는 모든 일에서 편안함을 느낀다.					
9	나는 항상 정신 집중이 잘 된다.					
10	나는 내가 하고 싶은 일을 하고 있다.					
11	나는 매사에 항상 자신감이 있다.					
12	나는 항상 유능하다고 생각한다.					
13	나는 모든 일에서 항상 쾌감을 느낀다.					
14	어떤 모임이건 항상 참여 의식이 높다.					
15	나는 지금이 가장 행복하다고 느낀다.					
16	나는 항상 활력이 넘치는 생활을 한다.					
17	나는 주변과 항상 화목하게 살아간다.					
18	나는 어떤 일을 할 때 가끔 시간 감각을 잃는다.					
19	나는 항상 진실되게 살아간다고 느낀다.					
20	나는 실제로 살아 있다는 감정을 절실히 느낀다.					

Tip 심리적 행복감 평가 지표

20~34점 : 위험 수위, 상당히 주의 또는 전문가와의 상담 필요. **35~54점** : 평균보다 조금 낮으므로 주의 필요.
55~74점 : 약간의 행복감을 느끼지만 상황에 따라 달라질 수 있음. **75~100점** : 평균치 이상으로 특별한 문제없음.

'심리적 행복감'은 평상시 활동에 대해 느끼는 행복감입니다. 설문지는 자신을 정확하게 파악하기 위한 것으로 솔직하게 대답하는 것이 중요합니다. 혹시 심리적 행복감이 낮다고 해서 너무 걱정할 필요는 없습니다. 우선 자신의 상황을 알았다는 것만으로도 중요한 시작이기 때문입니다.

04 삶의 행복감 (기혼 여성용)

다음 문항은 여러분이 평소에 자신의 삶에서 느끼고 있는 행복에 대해 묻는 것입니다. 문항을 읽고 자신과 가장 가깝다고 생각되는 번호에 표시해 보세요.

	문항	매우 그렇다 (0점)	그런 편이다 (1점)	그렇지 않은 편이다 (2점)	전혀 그렇지 않다 (3점)
1	나는 갖고 싶은 것을 살 만큼의 경제력이 있다.				
2	나는 여가 생활을 즐길 만큼의 경제력이 있다.				
3	생활하는 데 불편하지 않을 만큼 경제력을 갖추었다.				
4	나는 내가 살아온 삶에 대해 자랑스러움을 느낀다.				
5	나는 내가 지금까지 이룬 것에 대해 만족감을 느낀다.				
6	나는 지금까지 내가 추구하는 삶을 살아왔다고 자부한다.				
7	나는 문화생활을 자주 즐기는 편이다.				
8	나는 스포츠 및 레저 생활을 자주 즐긴다.				
9	나는 일상을 벗어나 여행을 자주 간다.				
10	나는 남들이 부러워할 만한 사회적 지위를 갖고 있다.				
11	나는(혹은 배우자가) 남들이 선망하는 직업을 갖고 있다.				
12	내가(혹은 배우자가) 하고 있는 일이 남들로부터 존경을 받는다.				
13	나는 내 꿈을 실현하기 위해 끊임없이 노력한다.				
14	나 자신의 잠재력 개발을 위해 최선을 다한다.				
15	나는 목표 달성을 위해 끊임없이 노력한다.				
16	나는 내가 해야 할 일을 스스로 알아서 한다.				
17	나는 문제가 생기면 스스로 해결하려고 노력한다.				
18	나는 어려운 환경에 처하더라도 잘 대처해 나갈 수 있다.				
19	나는 우리 사회의 직장 구조가 안정적이라고 생각한다.				
20	나는 우리나라의 교육 제도와 교육 환경을 신뢰할 수 있다.				
21	나는 우리 사회에 서로 신뢰할 수 있는 분위기가 조성되어 있다고 생각한다.				
22	신앙과 종교는 나의 삶에서 중요하다.				
23	나는 종교 활동에 열심히 참여한다.				
24	종교는 내 인생에서 큰 의미가 없다.				
25	나는 종종 남을 위해 봉사 활동을 한다.				

	문항	매우 그렇다 (0점)	그런 편이다 (1점)	그렇지 않은 편이다 (2점)	전혀 그렇지않다 (3점)
26	나는 어려운 이웃을 위해 봉사할 때 큰 보람을 느낀다.				
27	내 소득의 일부를 어려운 이웃이나 단체에 기부하고 있다.				
28	내 자녀가 올바르게 성장하고 있다.				
29	내 자녀들은 서로 우애가 돈독하다.				
30	내 자녀가 건강하게 자란다.				
31	나는 부모님과 화목하게 지낸다.				
32	나는 부모님께 인정받는다.				
33	나는 친척과 원만한 관계를 유지한다.				
34	우리 부부는 서로 인정하고 존중해 준다.				
35	나는 배우자와 대화를 자주 한다.				
36	내 배우자는 가정 일을 잘 도와준다.				
37	나는 마음이 통하는 친구가 많이 있다.				
38	나는 가족처럼 지내는 친구나 이웃이 여러 명 있다.				
39	나는 고민을 들어 줄 친구나 이웃이 많지 않다.				
40	나는 균형 잡힌 외모를 갖고 있다.				
41	나는 남들이 호감을 갖는 외모를 갖고 있다.				
42	나는 다양한 스타일을 소화할 수 있는 외모를 갖고 있다.				
43	나는 특별히 욕심내지 않고 긍정적으로 산다.				
44	나는 모든 일을 긍정적으로 해석한다.				
45	나는 어느 상황에 처하든지 쉽게 만족하는 편이다.				
46	나는 건강에 대해 자신이 없다.				
47	나는 현재 앓고 있는 질병이 있다.				
48	나는 활동에 제약을 받지 않을 만큼 건강하다.				

Tip 삶의 행복감 평가 지표

0~35점 : 평균치 이상으로 특별한 문제없음. 36~70점 : 약간의 행복감을 느끼나 상황에 따라 달라질 수 있음. 71~105점 : 평균보다 조금 낮으므로 주의 필요. 106~144점 : 위험 수위. 상당히 주의. 전문가와의 상담 필요.

'삶의 행복감' 설문은 행복 정도를 수치로 나타내는 것으로 개인 특성(인생관 등)과 생존 조건(건강 등), 고차원 욕구(자존감 등)를 함께 파악합니다. 설문의 결과도 중요하지만, 행복감을 나타내는 위의 세 가지 영역에 대해서 자신이 보완할 점은 무엇인지 체크하는 것이 중요합니다.

05 스트레스

자신의 현재 상태를 아는 것이 스트레스 극복의 지름길입니다. 최근 1개월 동안 다음 문항에 대해 어느 정도 느끼고 있었는지 솔직하게 표시합니다. 단, 너무 깊이 생각하지 않게 주의하세요.

	문항	항상 느꼈다 (3점)	자주 느꼈다 (2점)	가끔 느꼈다 (1점)	전혀 없었다 (0점)
1	매우 긴장하거나 불안한 상태이다.				
2	기분이 매우 동요된다.				
3	사소한 일에 매우 신경질적이다.				
4	소모감, 무기력감을 느낀다.				
5	침착하지 못하다.				
6	아침까지 피로가 남고, 일에 기력이 솟지 않는다.				
7	화가 나서 나의 감정을 억제할 수 없다.				
8	생각지도 못한 일 때문에 곤욕을 치른다.				
9	심각한 고민이 머리에서 떠나지 않는다.				
10	모든 일이 생각대로 되지 않아 욕구불만에 빠진다.				
11	모든 일에 집중할 수 없다.				
12	남 앞에 얼굴을 내미는 것이 두렵다.				
13	남의 시선을 똑바로 볼 수 없다.				
14	똑같은 실수를 반복한다.				
15	가족이나 친한 사람과 함께 있는 시간도 편안하지 않다.				
16	불면증이 있다.				
17	심장이 두근거린다.				
18	얼굴이나 신체 일부의 경련이 있다.				
19	현기증이 난다.				
20	땀이 많이 난다.				
21	몸이 근질거리거나 따끔한 통증을 느끼는 등 감각이 예민하다.				
22	요통이 있다.				
23	눈이 피로하다.				
24	목이나 어깨가 결린다.				
25	두통이 있다.				
26	감기나 후두염 등 감염증이 있다.				
27	변비가 있다.				
28	열이 있다.				
29	소화가 잘 안 된다.				
30	설사가 있다.				

> **Tip 스트레스 평가 지표**
> **0~5점** : 평균치 이하로 특별한 문제없음. **6~12점** : 평균 수준으로 직장을 가진 성인 남녀의 평균 수준.
> **13~19점** : 평균보다 조금 높으므로 약간의 주의 필요. **20점 이상** : 위험 수위. 상당히 주의. 또는 전문가와의 상담 필요.
> 사람에 따라서는 최근 1주일, 어제의 일이 더 크게 와 닿아서 1개월간의 상태를 객관적으로 파악하기 어려울 수 있습니다. 이런 점을 참고하여 설문지를 작성하며, 심각한 상태가 지속된다면 전문가의 도움을 요청하는 것도 방법입니다.

06 우울증

다음 문항을 통해 여러분이 평소에 우울한 정도를 점검해 볼 수 있습니다. 문항을 잘 읽고 솔직하게 표시해 보세요.

	문항	아니다 (0점)	조금 그렇다 (1점)	심하다 (2점)	매우 심하다 (3점)
1	슬픈 기분이 든다.				
2	앞날이 비관스럽다.				
3	지난 일들이 실패했다고 생각된다.				
4	일상생활이 만족스럽지 못하다.				
5	죄책감을 느낀다.				
6	벌을 받고 있다고 생각된다.				
7	나 자신이 실망스럽다.				
8	일이 잘못되면 내 탓이라고 생각된다.				
9	자살하고 싶다.				
10	괜히 울음이 나온다.				
11	초조하고 짜증이 난다.				
12	다른 사람에 대한 관심을 잃어버렸다.				
13	무슨 일에 대해서 결정을 못한다.				
14	내가 전보다 못생겨졌다고 생각된다.				
15	무슨 일을 시작하려면 힘이 든다.				
16	잠을 잘 못 잔다.				
17	쉽게 피곤해진다.				
18	입맛이 없다.				
19	몸무게가 줄었다.				
20	몸에 이상이 있을까 봐 걱정된다.				
21	성생활에 대해 흥미가 없다.				

Tip 우울증 평가 지표

1~9점: 평균치 이하로 특별한 문제없음. **10~15점**: 가벼운 우울 상태이지만 컨디션에 따라 달라질 수 있음.
16~23점: 평균보다 조금 높으므로 주의 필요. **24~63점**: 위험 수위. 상당히 주의, 또는 전문가와의 상담 필요.
솔직하게 답을 하셨나요? 생각대로 결과가 나왔을 수도 있고, 본인이 느끼는 것보다 더 우울하게 나와서 속상할 수 있습니다. 또 지금은 내가 많이 우울한데 결과가 가볍게 나와서 이상하다고 생각할 수도 있습니다. 설문지 하나로 우울증의 상태가 어떤지 진단할 수는 없습니다. 설문지를 통해 자신의 상태를 돌아보고 조절해 나가는 것이 더 중요합니다.

글로 나의 마음 살피기
03 셀프 인터뷰로 나를 알아 가기

이렇게 해 봐요 | 준비물 : 빈 노트나 일기장, 채색 도구, 펜, 연필, 지우개

01 나의 마음이 가장 여유로운 시간을 정합니다.
02 빈 노트나 일기장에 41쪽의 제시된 질문 중 하나를 써넣습니다.
03 나 자신에게 인터뷰를 한다는 마음으로 질문을 던져 보고, 답변을 생각합니다.
04 질문에 대한 답을 자유롭게 써 내려갑니다. 이때 머릿속에 떠오르는 대로 써도 좋고, 오랫동안 생각한 뒤 차근차근 정리해도 좋습니다. 또한 생각나는 한 장면을 그림으로 그려도 좋고, 색깔로 표현해도 됩니다. 나에게 가장 편한 방법을 찾아서 질문에 답하면 됩니다.
05 제시된 질문 말고도 나 자신에게 던지고 싶은 질문을 생각하고, 셀프 인터뷰를 합니다.
06 한참 있다가 질문을 봤을 때, 새로운 답이 생각난다면 추가로 답을 써 나가도 좋습니다.

생각해 볼까요

인생이라는 여정에서 우리는 여러 가지 상황에 처하고 다양한 경험을 합니다. 먹고 자는 기본적인 활동을 할 때뿐만 아니라 학교나 직장을 고르고 결혼을 결심하는 순간에도 머릿속에는 많은 질문이 떠오릅니다. '오늘은 무엇을 먹을까?', '어떤 것이 더 좋을까?', '나에게 중요한 건 무엇일까?' 등 다양한 질문에 답을 하고 선택하면서 매순간을 살아갑니다.

셀프 인터뷰는 자신의 생각과 마음을 충분히 살피기 위한 작업입니다. 삶을 살아가는 주인으로서 스스로에 대해 잘 이해한다면, 인생의 매순간마다 자신에게 잘 맞는 방향을 선택할 수 있습니다. 이 작업을 할 때는 충분한 시간을 갖고 나 자신과 진지하게 만나는 여유가 필요합니다.

셀프 인터뷰의 대답을 영화를 찍듯 머릿속으로 그려 보면 좀 더 생생하게 만들 수 있습니다. 내가 영화 주인공이고 실제 그 장소에 있는 것처럼 분위기나 온도, 소리와 느낌까지 상상해서 한 장의 영화 포스터를 만듭니다. 이렇게 떠오른 영상을 간단한 그림으로 스케치하고, 옆에 자신의 생각과 느낌을 써넣습니다. 그러면 먼 미래의 모습도 강렬한 이미지로 만들어져 내 삶에 좋은 나침반이 됩니다.

3장의 미술치료 활동을 마친 다음에도 41쪽의 셀프 인터뷰를 활용해서 자신의 생각과 느낌을 정리해 보세요. 그림으로 표현한 내용을 다시 한 번 돌아보면서 자기 마음을 더 정확하게 이해할 수 있습니다.

셀프 인터뷰

⋙ 내가 정말 좋아하고 기쁨을 느끼는 일은?

⋙ 내가 행복하다고 느끼는 순간은 언제일까?

⋙ 나의 몸과 마음을 건강하게 만들어 주는 것은?

⋙ 나에게 힘이 되는 사람이나 활동, 물건이 있다면?

⋙ 인생에서 정말 중요하다고 생각하는 것은?

⋙ 나의 일상에서 더 이상 하고 싶지 않은 일이나 습관은?

⋙ 내가 진짜 잘한다고 느껴지며, 자신 있는 일은?

⋙ 내가 꿈꾸는 삶, 나의 미래는 어떤 모습일까?

⋙ 지금 내게 1억이 생긴다면, 나는 무엇을 할까?

⋙ 미래의 꿈을 이루려면 지금 내가 할 수 있는 일은?

⋙ 세상을 떠난다면 내가 남기고 싶은 것은?

칼럼 프리다 칼로 |명화 속 여성|

"나는 너무나 자주 혼자이기에 또 내가 가장 잘 아는 주제이기에 나를 그린다."

🌿 프리다 칼로의 생애

프라다 칼로는 1907년 멕시코에서 태어났습니다. 7세 때 소아마비에 걸려 다리를 절게 되었고, 18세 때 교통사고로 척추와 오른쪽 다리, 자궁을 크게 다쳐 평생 30여 차례의 수술을 받았는데, 이 사고 때문에 겪은 신체적·정신적 고통이 작품의 주요 주제가 됩니다. 깁스를 한 채 누워만 있던 그녀는 오직 그림 그리는 것만 할 수 있었는데, 부모님은 침대에 전신 거울을 설치하고 이젤도 마련해 주었습니다. 프리다는 거울에 비친 자신을 관찰하면서 그림을 그리기 시작했고, 이를 계기로 평생 동안 자화상을 그렸습니다.

미술 교육을 제대로 받은 적이 없는 프리다는 그림을 평가해 줄 사람이 필요했는데, 당시 멕시코를 대표하는 화가인 리베라에게 그림에 대한 재능과 열정을 평가 받고 싶어 했습니다. 그는 화가가 되겠다는 칼로의 결심을 굳혀 주었고, 둘은 결혼을 합니다. 프리다는 리베라의 아내로서 멕시코 공산당의 입당과 탈당, 사회 운동을 함께하고, 또 그를 위해 작품의 모델이 되고 영감을 주려고 애썼습니다.

수많은 여성 편력이 있던 리베라는 결혼 후에도 외도를 지속하였고, 프리다는 질투와 분노를 넘어서서 평생 고독과 상실감을 안고 살아갑니다. 그녀는 다른 사람과 애정을 나누면서도 리베라 곁에 있으려 했지만, 결국 이혼합니다. 이즈음 척추의 고통이 심해져서 몇 차례의 대수술을 하였고, 이혼한 지 1년 만에 경제생활과 성생활을 함께하지 않는다는 조건으로 재결합합니다.

리베라의 외도는 여전했지만, 고향 코요아칸에서 앵무새와 원숭이, 개를 기르며 정신적인 안정을 되찾아 갔고, 학생들에게 미술도 가르쳤습니다. 뉴욕과 파리에서 전시를 한 이후 국제적으로 명성이 쌓이면서 리베라의 아내가 아닌 '화가 프리다 칼로'라는 입지가 확고해집니다.

🌿 프리다 칼로의 작품

프리다는 세 번의 유산을 하면서 사랑하는 남편의 아이를 낳지 못해 괴로워합니다. 작품 〈헨리 포드 병원〉에서는 흥건하게 고인 피와 그 위에 누워 있는 자신의 모습을 그려서 당시의 고통과 끔찍함을 표현하였습니다. 붉은색 실에는 미처 태어나지 못한 아이, 비틀어지고 깨져 있어 아이를

〈헨리 포드 병원〉 1932

낳을 수 없는 골반, 수술 도구, 출산과 임신에 대한 상징인 달팽이가 연결되어 있습니다. 그림에는 아이를 잃은 슬픔과 고통, 아이를 낳을 수 없는 자기 몸에 대한 분노와 이해, 아이를 갖고 싶은 소망과 간절함이 담겨 있습니다. 척추의 병이 재발하면서 프리다는 마치 고문 기구와도 같은 보정기를 사용합니다.

〈부러진 척추〉 1944

작품 〈부러진 척추〉에서는 자신의 척추를 부서진 그리스 신전 기둥으로 표현하였습니다. 온몸에 못이 박히고, 하염없이 흐르는 눈물은 당시 그녀가 겪은 극심한 고통을 대신 말해 줍니다.

🌿 프리다 칼로의 삶과 작품에서 본 여성

프리다의 삶은 매우 연극적이었습니다. 어릴 때부터 병상에 누워 고통을 감내해야 했고, 여자라서 누리는 출산과 육아의 기쁨이나 남편의 다정한 사랑은 꿈도 꿀 수 없었습니다. 또한 화가로서 이름을 알리기까지 쉽지 않은 길을 걸어왔습니다. 그럼에도 그녀는 병실의 환자로, 외도하는 남편의 아내로, 자식을 품지 못한 어머니로 살기보다 삶의 고통과 의지를 그림에 담아내며 '화가 프리다 칼로'의 인생을 선택합니다. 극도의 고통이 느껴지는 어려운 상황에서 자신을 지키던 프리다의 노력은 때론 안쓰럽게 느껴지면서 강렬한 충격으로 다가옵니다.

프리다의 작품에는 사고로 인한 고통을 극복하려고 거울을 통해 심리 상태를 관찰하고 표현한 자화상이 많습니다. 작품의 사실적이고 강한 느낌의 색채에는 아픔과 외로움, 고통이 느껴지지만 그걸 고스란히 감내하며 극복하려는 강한 의지가 더 돋보입니다. 프리다 칼로의 용기와 의지를 거울삼아서 여러분도 미술치료 활동에 노력을 기울여 보세요. 자신의 내면을 마주하기가 쉽지 않지만 과정을 충실하게 거치면, 여러분을 지탱해 줄 든든한 의지와 한층 더 성장한 자신의 모습을 발견할 수 있을 것입니다.

다양한 미술치료 활동을 통해서
나의 생각과 감정을 마음껏 표현하고,
내면의 소리에 귀를 기울여 봅니다.

3장

나를 위한 행복한 미술치료하기

실생활에서 혼자 할 수 있는 총 15회의 미술치료 프로그램을 소개합니다. 다양한 미술치료 활동을 통해서 나의 생각과 감정을 마음껏 표현하고, 내면의 소리에 귀를 기울여 봅니다. 마음속 상처를 치유하면서 긍정적인 자아개념도 형성합니다. 또한 내 또래의 여성이 갖고 있는 고민과 미술치료 활동을 살펴보면서 나의 일상생활을 건강하게 가꾸는 지혜를 배워 갑니다.

나를 찾아가는 행복한 미술치료 • 46
일상이 즐거워지는 미술치료 • 68
[칼럼] 영화 속 여성 – 맘마미아! • 96

3장 나를 위한 행복한 미술치료하기

나를 찾아가는 행복한 미술치료

혼자서 할 수 있는 미술치료 프로그램 안내

이제부터는 실생활에서 혼자 진행할 수 있는 미술치료를 안내합니다. 미술치료의 목표는 각자의 심리적·육체적 상태, 성격, 나이, 질병 등에 따라 달라집니다. 2장에서 한 자신의 생각과 감정을 살펴보는 작업을 토대로, 나에게 가장 필요한 것은 무엇이며 어떤 부분에서 변화하고 싶은지를 3장의 미술치료 목표로 정합니다. 미술치료는 크게 초기·중기·후기 단계로 나누어 진행하며, 여기에서는 총 15회기의 미술치료 프로그램을 소개합니다. 각 단계와 회기별로 치료 목표에 맞게 프로그램을 진행해 보세요.

초기 단계
초기 단계에서는 편안한 마음을 갖고 미술치료 활동을 시작하며, 미술활동에 흥미를 느끼면서 한 회기씩 나의 모습과 주변을 돌아보는 것이 목표입니다. 그러므로 긴장을 풀 수 있는 호흡법이나 음악을 통해서 편안한 분위기를 조성하고, 나에게 친숙하고 편안한 미술 재료를 선택해 봅니다. 미술을 자신의 표현 수단으로 받아들이면 생각과 감정을 원하는 대로 표현할 수 있습니다. 또한 미술에 대한 막연한 두려움이 사라지고, 미술치료 활동에도 흥미가 생깁니다. 초기 단계 활동으로 나와 가족에 대해 생각하고 돌아보면서 다음 단계로 나아가는 준비를 합니다.

중기 단계
중기 단계에서는 억압된 감정을 마음껏 표출하면서, 숨겨져 있던 내 면세계로 다가갑니다. 또한 일상에서 정한 목표를 실천하거나 혹은 미술치료의 최종 목표로 나아가는 데 걸림돌이 되는 문제나 억제된 기분을 하나씩 성찰합니다. 나의 문제나 기분을 형태로 구체화하거나 이미지로 재현하면서 그 속에 내재된 감정을 경험하고, 좀 더 분명하게 내면세계를 이해합니다. 내 마음을 진실하게 표현하고 그 안에 머무르면서 조금씩 성장해 가며, 나와 내 주변을 새롭게 바라보는 여유도 생겨납니다.

| 후기 단계

후기 단계에서는 미술치료를 통해서 삶의 목표에 가까이 다가가고, 한층 더 성장한 내 모습을 발견합니다. 초기와 중기 단계를 거치면서 마음속의 상처와 앙금처럼 남은 감정을 이해할 수 있고, 나를 있는 그대로 바라볼 수 있는 여유를 찾아갑니다. 작품 하나 하나를 완성하면서 얻게 된 자신감과 성취감을 통해 긍정적인 자아개념을 형성하고, 현재에 든든한 뿌리를 내리고 미래를 설계하면서 나를 찾아가는 여정을 마무리 짓습니다.

미술활동으로 얻을 수 있는 미술치료 효과

미술은 우리의 개인적 감정과 경험, 가치, 그리고 믿음을 비언어적으로 이야기하게 돕는 매개체입니다. 그래서 미술이라는 도구를 통해 새로운 시각에서 자신을 이해하고 인식할 수 있습니다. 평소 우리는 예술 작품을 감상하거나 작품을 창조하는 미술활동을 통해 내면에 억압된 감정과 욕구를 표출하고, 자기를 새롭게 인식할 기회를 갖습니다. 이렇듯 미술활동 자체만으로도 우리는 스스로를 돌아보고, 감정을 치유하며, 심신을 안정시키는 효과를 볼 수 있습니다.

미술치료 활동을 통해 우리는 창조적 잠재성과 즐거움의 근원을 확인하며 우울과 고통의 원인을 찾아갑니다. 3장에서 소개한 15회기의 본격적인 미술치료 프로그램으로 괴롭고 고통스러운 감정을 해소하고, 작품을 매개로 스스로에게 질문하고 생각합니다. 차근차근 나를 만나는 과정에서 온전히 자신을 이해하며, 그동안 지니고 있던 문제의 실마리도 찾게 됩니다.

미술치료를 할 때에는 자신의 느낌과 생각에 집중하는 것이 중요합니다. 미술치료를 시작할 때와 작업할 때, 그리고 완성했을 때의 느낌을 잘 알아야 합니다. 또한 작품에서 마음에 드는 부분과 그렇지 않은 부분, 고치고 싶은 부분에 대해서도 생각해 보아야 합니다. 작품에서 표현된 요소가 자신의 어떠한 감정과 연관되는지 스스로에게 질문하면서 우리는 내면세계에 더 가까이 다가갈 수 있고, 있는 그대로의 자신을 이해할 수 있습니다.

미술치료를 할 때나 하루하루를 살아갈 때, 그 중심에는 항상 내가 있다는 마음을 가지세요. 힘들고 괴로운 상황이 벌어져도 그 문제를 풀어 나갈 힘이 나 자신에게 있다는 걸 꼭 기억하세요. 내가 지닌 문제점을 새로운 관점에서 바라보고, 창조적으로 해결하며, 삶을 더 활기 있게 만드는 데 미술치료가 도움을 줄 것입니다. 나를 있는 그대로 사랑하고, 나의 꿈을 실현할 수 있게 스스로를 위한 미술치료 여행을 떠나 보세요.

나를 찾아가는 행복한 미술치료 프로그램

🌿 초기 단계

회기	주제	내용	기대 효과
01	소중한 나의 이름 꾸미기	자신의 이름을 그림으로 표현하기	• 긴장 완화와 흥미 유발 • 자기 이름에 대한 재인식
02	가족 안에서 나를 돌아보기	가족의 모습을 표현하기	• 가족과 가족 안에서의 자기 위치 고찰
03	내 모습 그려 보기	자신의 모습을 그림으로 표현하기	• 자아 인식과 타인에 대한 이해 • 신체 이미지 파악

🌿 중기 단계

회기	주제	내용	기대 효과
04	점토로 감정 표출하기	점토를 이용하여 자유롭게 표현하기	• 감각의 자극과 긴장 완화
05	나의 감정에 집중하기	만다라 꾸미기	• 집중력과 정서적 안정 도모 • 자기 내면 파악
06	감정 차트 만들기	자기 안의 다양한 감정을 표출하기	• 내면 감정 자각
07	나의 모습 콜라주	잡지의 조각들을 이용해서 자신이 보는 나, 타인이 보는 나의 이미지를 표현하기	• 자아정체성 확인
08	명화 이어 그리기	명화의 빈 곳을 상상하여 그리면서 명화 속 주인공의 감정을 이입하기	• 자기 내면 표현
09	내 마음으로 들어가는 문	내면으로 들어가는 문의 모습과 내면세계 표현하기	• 내면의 욕구 및 내향적·외향적 경향성 파악
10	버리고 싶은 것, 갖고 싶은 것	자신의 욕구와 미해결된 과제 표현하기	• 자기 인식과 이해

후기 단계

회기	주제	내용	기대 효과
11	인생 파노라마	과거, 현재, 미래에 대한 자신의 모습을 표현하기	• 잠재된 자아 성장의 욕구 형성 • 원하는 자아상 발견 및 설계 • 현실을 토대로 원하는 모습으로 발전
12	가장 가 보고 싶은 곳	가 보고 싶은 곳 표현하기	
13	갖고 싶은 물건 모으기	내가 좋아하고 갖고 싶은 물건 콜라주로 모으기	
14	내가 꿈꾸는 미래	자신이 꿈꾸는 미래를 계획하고, 준비해야 할 것 알아보기	
15	나에게 주는 사랑의 선물	소중한 나에게 힘을 주는 사랑의 선물 만들기	

Tip 여기서 소개하는 15회기 미술치료 프로그램은 개인의 특성을 고려하지 않은 일반적인 내용으로 구성되어 있습니다. 그러므로 개인의 심리적·육체적 상태나 성격, 환경적인 요소 등을 고려해서 미술 재료나 기법을 융통성 있게 조정해야 합니다. 위의 미술치료 프로그램을 가족 및 친구와 함께 진행하면 좋은 경험이 될 것입니다.

삶을 더 활기 있게 만들고,
나를 있는 그대로 사랑하며,
꿈을 실현해 갈 수 있는
미술치료 여행을 떠나 보세요.

초기 단계

초기 단계는 미술치료를 통해 새롭게 나를 만나기 위한 출발점입니다. 이 단계에서는 학교 미술 시간에 했던 활동이 떠올라 미술치료가 흥미롭고 편안하게 다가옵니다. 미술치료 활동으로 창조되는 작품은 나의 마음, 즉 내면 무의식의 심리적 상태를 형상화한 것으로, 이때 작품은 '내 마음을 이해하는 도구'가 됩니다. 따라서 미술치료 활동을 시작할 때나 진행하면서, 또 마무리하고 감상하면서 '어떤 느낌이었는지, 무엇을 표현한 것인지'의 질문을 자신에게 던져 보고, 생각하며 정리하는 과정이 병행되어야 합니다.

집에서 혼자 미술치료 활동을 하면 다른 사람과 함께할 때보다 더 깊이 있게 나를 만날 수 있고, 무의식이 그림으로 확실하게 표현될 수 있습니다. 하지만 내 생각과 느낌을 이야기할 누군가가 없어서 완성한 작품에 대해 깊게 생각하지 못할 수도 있습니다. 단지 그림만 그리고 그림에 대해 성찰하는 후속 작업이 없다면, 미술활동과 별다른 점이 없을 것입니다. 혼자 하는 미술치료 활동인 만큼 마무리 시간에는 그림을 그릴 때나 완성한 다음의 느낌, 떠오른 생각과 이미지에 대해 깊게 생각하고, 한 문장이라도 글로 남겨 보는 것이 중요합니다.

초기 단계
01 소중한 나의 이름 꾸미기

자신의 이름을 예쁘게 꾸며 보는 시간입니다. 도화지에 나의 이름을 쓰고 꾸미면서 평소 자신에 대해 어떻게 생각하고 있었는지 새롭게 알아 갑니다.

이렇게 해 봐요 | 준비물 : 도화지, 색연필, 크레파스 등 채색 도구, 스티커 등 장식품

01 자신의 이름이 무슨 뜻을 담고 있는지 생각해 봅니다.
02 도화지에 이름을 자유롭게 씁니다.
03 채색 도구와 스티커를 이용하여 이름을 예쁘게 꾸밉니다.
04 자신의 이름을 꾸미면서 느낀 점을 생각해 보고, 간단한 문장으로 적어 봅니다.

> **Tip** "○○ 과장", "○○ 선생님", "○○ 엄마" 등 역할에 한정하여 나를 부르던 익숙한 호칭을 떠나, 오직 이름만으로 나를 돌아봅니다. '소중한 나의 이름 꾸미기'를 통해 내 이름의 진정한 의미를 되새기면서, 이름만으로도 당당했던 시절을 생각하며 좋은 자극을 받습니다. 또한 이름을 예쁘게 꾸미면서 나 자신을 긍정적으로 받아들이고, 내가 의미 있는 존재임을 다시 깨닫게 돕습니다.

예쁜 내 이름, 나리(32세)

어릴 때 친구들이 '나리'라는 내 이름을 많이 놀려서 별로 이름을 좋아하지 않았다. 또 친구들의 한자 이름이 멋있어 보여서 내 이름은 더욱 마음에 들지 않았지만, 미술치료로 이름 꾸미는 작업을 하니 새롭게 느껴진다.

한 번도 이름을 예쁘게 꾸며 보거나 뜻을 깊이 생각해 본 적이 없는데, 정성을 다해서 꾸며 보니 이름이 그림과 잘 어우러져서 제법 멋있고 만족스럽다. 내 이름이 봄처럼 따뜻하고 아름답게 느껴진다. 그림이 주는 느낌처럼 온화한 사람이 되고 싶다.

초기 단계
02 가족 안에서 나를 돌아보기

자신의 가족을 그림으로 그려 보는 시간입니다. 가족의 모습을 떠올린 다음, 그림으로 표현합니다. 그림을 보면서 가족 안에서의 나의 위치와 가족 구성원에 대한 내 생각을 알아봅니다.

이렇게 해 봐요 | 준비물 : 도화지, 색연필, 크레파스 등 채색 도구

01 우리 가족의 모습을 떠올릴 수 있는 시간을 충분히 갖습니다.

02 가족이 가만히 서 있는 모습이 아니라 활동하는 모습을 그립니다. 모두 같은 활동을 하고 있어도 좋고, 각자 다른 활동을 하고 있어도 좋습니다.

03 그림 속에는 자신의 모습을 꼭 그립니다.

04 작품이 완성되면 그림에 대해 생각해 보고, 간단한 문장으로 적어 봅니다.

> **Tip** 그림에는 자신이 꼭 포함되게 그립니다. 가족을 그리는 순서와 각각의 구성원은 누구인지, 각자 어떤 행동을 하는지, 빠진 가족이 있거나 더 추가된 사람이 있는지, 심하게 왜곡된 사람은 누구인지 관찰해야 합니다. 왜 그렇게 그렸는지 생각하고 글로 적는 동안 가족 간의 심리 상태가 드러납니다. 어떻게 하면 우리 가족의 관계가 더 좋은 방향으로 갈 수 있는지 함께 이야기해 봅니다.

든든하고 따뜻한 우리 가족(28세)

가족의 모습을 '내 얼굴'을 중심으로 표현해 보았다. 위에는 부모님, 아래는 할머니와 남동생을 그렸다. 무조건적인 지지를 보내 주시는 부모님의 모습은 온화하게 표현했고, 아직도 어린아이처럼 아껴 주시고 애정 표현을 하시는 할머니는 나를 보며 활짝 웃고 계신다. 그리고 개구쟁이처럼 웃는 남동생도 나를 지지해 주는 중요한 사람이고, 나에게 항상 기쁨을 주는 좋은 말동무이다. 온 가족을 하나의 원 안에 그려서, 서로 조화롭고 끈끈하게 이어지는 모습을 나타내고 싶었다. 그림을 그리고 나니 가족의 사랑을 다시 한 번 느낄 수 있었다.

> 초기 단계

03 내 모습 그려 보기

자신의 모습을 그림으로 표현하는 시간입니다. 도화지에 나의 모습을 그리면서 자기 이미지를 형상화하고, 스스로를 새롭고 긍정적인 관점으로 바라봅니다.

이렇게 해 봐요 | 준비물 : 도화지, 색연필, 크레파스 등 채색 도구

01 눈을 감고 자신의 모습을 머릿속에 떠올리며 성찰하거나 거울을 봅니다.

02 '나는 어떤 사람일까?', '평소에 나는 어떤 표정을 짓고 있나?', '나와 잘 어울리는 색깔은 무엇일까?' 질문을 통해서 자신을 되돌아봅니다.

03 자기 이미지를 형상화한 다음 자유롭게 표현합니다.

04 그림을 보면서 자신에 대해 생각해 보고, 간단한 문장으로 적어 봅니다.

> **Tip** 자기 모습을 그림으로 그리면서 그동안 지나쳐 온 자신의 얼굴과 몸 구석구석을 관찰할 기회를 갖습니다. 매일 거울을 통해서 보아 오던 익숙한 얼굴이지만, 조용히 머릿속으로 떠올리면서 새로운 면을 발견하고, 또 많은 생각을 하게 됩니다. 그림을 그리면서 자신에 대해 새롭게 생각하며, 스스로를 긍정하고 존중하며, 또 사랑하는 마음도 키워 갑니다.

나를 더 사랑하기(29세)

대학을 졸업하고 바로 취업한 뒤, 벌써 4년이란 시간이 흘렀다. 거울 속에는 가끔 낯선 느낌의 내가 보이는데, 그럴 때마다 '일에 치여 나 자신을 잘 돌보지 못했구나.' 하는 생각이 든다. 30대로 넘어가는 시기인 요즘 마음은 많이 어수선하고, 내 모습도 엉망인 것 같다.

나에 대한 이미지를 떠올려 보니 새삼 나 자신이 새롭게 느껴졌다. 그림을 완성하고 나니 '더 늦기 전에 좀 더 나를 아끼고, 나에게 투자할 수 있는 시간과 마음의 여유를 가져야지.' 하는 마음이 생긴다.

중기 단계

내 이름과 가족, 내 모습을 그리는 초기 단계에서는 익숙한 나 자신을 새롭게 돌아보며 미술치료 활동에 흥미를 느낍니다. 초기 단계를 바탕으로 중기 단계에서는 나의 속마음을 자연스럽게 표출하고 이해하게 됩니다. 중기 단계의 초반에는 다양한 작업을 통해 심리적 긴장감을 이완시키고, 나의 감정에 집중할 수 있는 상태를 만듭니다. 회기를 진행할수록 무의식에 억압된 감정이 터져 나오므로 더욱더 감정에 집중해야 합니다. 예전에 받은 상처나 고통스런 기억 때문에 다양한 감정이 올라올 수 있는데, 좋은 느낌의 감정이든 안 좋은 느낌의 감정이든 내 일부분임을 받아들이고 지지하는 자세가 필요합니다.

중기 단계의 후반에는 자신의 정체성, 즉 자기 존재에 대해 긍정적인 개념을 갖게 돕습니다. 긍정적인 자아개념과 자아존중감을 가지려면 타인의 인정과 지지도 필요하지만, '난 참 소중해.', '나도 할 수 있어!'라는 자신감과 성취감, 자긍심이 내면에서부터 우러나와야 합니다. 다양한 미술치료 활동을 통해서 나의 모습을 긍정적으로 인식하고, 건강한 자아개념을 갖는 준비를 합니다. 중기 단계가 거듭될수록 작업에 몰두하고, 나의 작품에 애착을 갖으면서 조금씩 자신감을 찾고 성장하는 모습도 발견할 수 있습니다.

중기 단계
04 점토로 감정 표출하기

점토를 이용하여 자유롭게 주무르고 두드리면서 감정을 표출하는 시간입니다. 점토를 통해 마음 속에 억압된 감정을 마음껏 표출하면서, 심리적 긴장감이 이완되는 효과를 얻습니다.

이렇게 해 봐요 | 준비물 : 점토, 점토용 칼, 물, 물통

01 점토를 이용해서 두드리기, 반죽하기, 주무르기를 마음껏 합니다.

02 점토를 만지면서 전해지는 느낌에 집중하고, 무엇을 만들지 생각해 봅니다.

03 충분한 시간을 갖고 원하는 모양을 만듭니다.

04 오랜만에 점토를 만지는 동안 느낌이 어땠는지, 완성된 작품은 마음에 들었는지, 왜 이러한 형태를 만들었는지 생각해 보고, 간단한 문장으로 적어 봅니다.

> **Tip** 정서 안정을 위한 대표적인 미술치료 기법의 하나가 바로 '점토 작업'입니다. 점토는 만들고 고치기가 쉬워서 누구든지 미술활동을 할 수 있는 재료입니다. 특히 분노나 적개심의 표현이 서툰 사람들에게 좋습니다. 점토 작업을 하면 긴장감과 스트레스가 완화되고, 성취감이 높아지는 장점이 있습니다.

마음을 보듬어 주는 점토(33세)

초등학생 때는 점토로 작품을 만들면 모양이 그럴 듯하게 나오지 않고, 손에 많이 묻어서 상당히 불편했다. 만져 볼 기회가 많은 것도 아니었지만 손에 묻으면 씻어야 하고, 또 지저분한 흙색도 마음에 들지 않았다. 성인이 돼서 만져 본 건 처음인데, 무언가 새롭고 신선하다. 그래서 두드려 보기도 하고, 반씩 떼어 주무르면서 놀이하듯 만져 보았다. 손바닥으로 때리기도 하고 꾹 눌러도 보니 기분이 좀 풀리는 느낌이다. 물을 묻혀 가며 점토를 만질 때 중학생 시절의 기억이 떠올랐다. 친구가 별로 없어서 쓸쓸함을 자주 느꼈는데, 부드러운 점토의 느낌이 쓸쓸한 나 자신을 위로하는 것 같다. 나도 모르게 눈물이 흘렀다. 괜찮다고 나에게 말해 주고 싶다. 점차 마음이 누그러들면서 한편으로는 기분이 상쾌하다. 나의 마음에 따라 점토의 형태도 어느새 잔잔해졌다.

중기 단계
05 나의 감정에 집중하기

동그라미 안에 다양한 형태와 색을 사용해서 자신과 자신의 감정을 표현하는 시간입니다. 만다라 그리기로 감정에 집중하고, 고요를 체험하면서 내 안의 긍정적인 에너지를 찾아봅니다.

이렇게 해 봐요 | 준비물 : 도화지(중앙에 원이 그려진 것), 색연필, 크레파스 등 채색 도구, 연필

01 원이 그려진 도화지를 준비한 다음, 편안하게 앉아서 긴장을 풀어 봅니다.
02 몇 분 동안 눈을 감고 휴식을 취합니다. 이때 음악을 틀어도 좋습니다.
03 다시 눈을 뜨고, 원하는 도구와 색을 선택하여 자유롭게 만다라를 그려 봅니다.
04 다 그린 만다라를 돌려 보면서 적절한 방위를 정하고, 위쪽을 표시합니다.
05 완성된 만다라를 조용히 감상하며, 떠오르는 느낌과 제목을 간단한 문장으로 적어 봅니다.

> **Tip** 만다라는 자신과 자신의 감정으로 표현하는 창의적인 활동으로 작업이 끝나면 성취감을 느낄 수 있습니다. 평소 자신의 감정을 다스리기 힘들 때, 무엇인가 표출하고 싶을 때, 걱정이나 고민이 있을 때에도 편안하게 그릴 수 있습니다. 그림을 그리기 어렵다면 만다라 도안(부록 참고)을 색칠하는 것만으로도 마음이 편안해지고 안정됩니다. 만다라를 완성하는 동안 자신이 표현한 형태와 색에 집중하면서 에너지가 한곳에 모이는 경험을 합니다. 만다라에 나타나는 형태와 색(26~29쪽 참고)에 대해 깊이 생각해 보는 것도 좋습니다.

거미줄(24세)

요즘 취업을 앞두고 고민이 많다. 모든 현실이 거미줄처럼 얽히고설켜서 나를 가두고 있는 기분이 든다. 거미줄은 가운데를 중심으로 가닥가닥 두껍게 뻗어 있고, 또 단단하게 뿌리를 내리고 있어서 한번 걸리면 쉽게 끊고 나오지 못할 것 같다.
그렇지만 만다라가 너무 어두운 분위기가 될 것 같아서 무지개 색으로 칠해 밝은 느낌을 주었다. 내 인생에도 무지개가 나타나는 날이 오길 바란다.

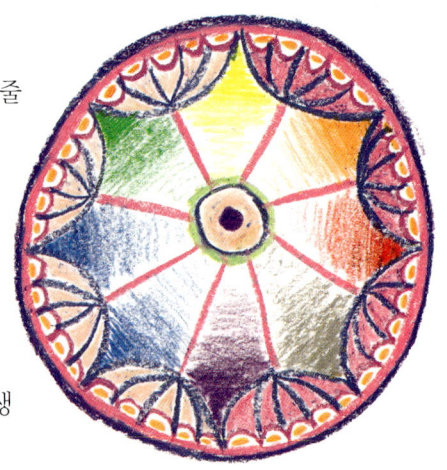

> 중기 단계
06 감정 차트 만들기

자신의 다양한 감정을 그림으로 표현해 보는 시간입니다. 눈에 보이지 않는 감정을 형태와 색깔로 만들면서 나의 감정 표현 방법에 대해 알아 갑니다.

이렇게 해 봐요 | 준비물 : A4 용지 6장, 색연필, 크레파스, 사인펜 등 채색 도구

01 종이 6장 각각에 '기쁨', '슬픔', '분노', '즐거움', '우울', '행복'을 주제로 그림을 그립니다.
혹은 도화지 1장에 6가지 주제를 정도에 따라 도표로 만들어 꾸밉니다.
02 각각의 감정을 그릴 때 어떤 느낌이 들었는지 생각해 봅니다.
03 현재 자신의 상태와 가장 가까운 그림이 무엇인지 고른 뒤, 왜 그런지 생각하고 간단한 문장으로 적어 봅니다.

> Tip 감정을 주제로 하여 그림을 그리거나 감정 차트를 만들어서 자신의 긍정적이거나 부정적인 감정을 균형 있게 표출합니다. 지금 내 마음이 그림이나 도표로 표현한 감정 중 어떤 것과 닮았는지 되돌아보면서 내면의 상태를 자각할 수 있습니다.

지금 나의 마음은(35세)

현재 나는 새로운 일에 도전하고 있다. 요즘 하는 모든 일이 새롭고, 또 만나는 모든 사람에서 행복한 무지갯빛과 따스함을 느끼기 때문에 '기쁨'을 이렇게 표현하였다. 나와 가장 가까운 감정은 '행복'이다. 마치 아이스크림을 먹는 아이의 마음처럼 내 마음도 살살 녹는다. 요즘에 난 '우울'하지 않지만, 우울을 생각하면 스르륵 찾아오는 고요함이 있어 무거운 밤하늘을 그렸다. '화'나는 일은 거의 없고 특별한 느낌도 없다. 가끔 예전의 일이 떠오를 때는 '슬픔'을 느끼곤 한다. 하지만 이 슬픔마저 다 먹어 치웠으면 하는 마음으로 슬픔의 눈물을 잡아먹는 괴물을 그려 보았다.

> 중기 단계

07 나의 모습 콜라주

자신이 생각하는 자기 이미지와 타인이 생각하는 자기 이미지를 잡지나 사진의 형상을 빌려서 표현하는 시간입니다. 동일한 인물인 자신이 관점에 따라 어떻게 달라지는지 생각해 봅니다.

이렇게 해 봐요 | 준비물 : 도화지, 잡지, 사진, 가위, 풀, 색연필, 사인펜 등 채색 도구

01 다양한 종류의 잡지와 사진을 준비합니다.
02 '내가 아는 나'와 '다른 사람이 아는 나'를 머릿속에 그려 봅니다.
03 잡지의 사진들을 보며 나의 이미지와 맞는 것을 여러 장 선택합니다.
04 도화지에 선택한 사진들을 배치하여 붙입니다.
05 완성된 도화지에 색연필이나 사인펜 등 채색 도구를 이용하여 추가로 표현하고 싶은 부분을 모두 표현합니다.
06 '내가 아는 나'와 '다른 사람이 아는 나'는 어떻게 다른지 다시 생각해 보고, 완성된 작품이 마음에 드는지 나 자신에게 물어봅니다.

> **Tip** '콜라주 작업'은 잡지나 사진을 오리고 붙이면서 쉽게 작품을 완성할 수 있어서 그림 그리기에 자신 없는 사람들도 성취감을 느낄 수 있는 미술치료 활동입니다. '내가 아는 나'와 '다른 사람이 아는 나'를 구별하여 생각하면서 자신의 정체성을 새롭게 인식해 봅니다. 나를 돌아보는 시간을 가지면서 평소에 느껴지는 심리적 불편감은 어디에서 오는지도 찾을 수 있습니다.

진짜 나의 모습은 (31세)

남들은 나를 섹시하고 화려하며, 외모에 관심이 많은 여자로 생각하는 것 같다. 또늘 남자 친구들 사이에서 노는 걸 즐기는 사람으로 보는 것 같다.

그렇지만 내가 아는 나는 여성스럽고 단아하며, 외적인 모습보다 중요한 내면은 따뜻하고 건강한 사람이다. 이러한 내 마음을 표현하고 싶어서 나의 모습을 모은 콜라주에 하트 무늬 종이를 붙였다. 언젠가 다른 사람들도 진정한 내 모습 그대로 나의 내면을 들여다볼 수 있으면 좋겠다.

중기 단계
08 명화 이어 그리기

다양한 명화를 감상하고 작품을 선택해서, 명화의 일부를 자신만의 세계로 표현합니다. 명화를 변형하고 새롭게 표현하면서 명화 속 인물에 감정을 이입하고 자기 내면도 돌아봅니다.

이렇게 해 봐요 | 준비물 : 여러 가지 명화, 도화지, 색연필, 크레파스, 사인펜 등 채색 도구

01 클림트의 〈키스〉, 뭉크의 〈절규〉 등 인물화 위주의 여러 명화를 감상하고, 그림에 담긴 내용도 알아봅니다.
02 화가가 각각의 그림을 그릴 때 마음이 어떠했을지 상상해 봅니다.
03 마음에 드는 명화를 선택합니다. 자신이 화가라면 어떻게 그렸을지 생각해 보고, 문장으로 적어 봅니다.
04 재해석한 명화를 나의 느낌을 살려 도화지에 그립니다.
   원래 명화와 비교했을 때 나의 작품은 어떻게 다른지 생각해 봅니다.

> **Tip** '명화 이어 그리기'는 여러 화가의 심리를 추론하고 자신이 그 화가가 되어서 자기 내면을 돌아보는 활동입니다. 완성된 그림을 일부분만 변형하기 때문에 누구나 쉽게 작품을 완성할 수 있습니다. 또한 이미 그려져 있는 명화를 보고 감정을 투사해서 색깔이나 형태, 재료를 활용하여 그리는 활동이므로 자신의 주관적인 생각이 들어가서 그림으로 표현되기가 쉽습니다.

행복한 모딜리아니의 여인(46세)

모딜리아니 그림의 여인은 눈동자가 없었다. 무엇인가 큰 걱정거리를 안고 고민하는 듯한 모습이다. 그래서 명화를 도화지에 새롭게 탄생시키기로 했다. 내가 그림 속의 여자라면, 누군가가 나를 그려 준다면 어떨까? 아마도 난 웃고 있을 것 같다. 예쁜 모자를 쓰고 예쁘게 활짝 웃는 모습, 얼굴뿐만이 아니라 마음까지도 활짝 핀 모습이고 싶다.
모딜리아니의 그림처럼 아름답지만 왠지 모를 쓸쓸함이 느껴지는 사람이 아니라, 진심으로 행복한 사람이고 싶다.

중기 단계
09 내 마음으로 들어가는 문

자신의 마음으로 들어가는 문과 문의 안쪽을 떠올리고, 마음의 바깥쪽과 안쪽의 세계를 각각 표현합니다. 내 마음으로 들어가는 문을 통해 자신의 문제점을 알고, 성향도 파악해 봅니다.

이렇게 해 봐요 | 준비물 : 도화지 2장, 셀로판테이프, 색연필, 크레파스 등 채색 도구

01 도화지를 두 장 준비하여 한 장은 반으로 자른 다음, 셀로판테이프를 이용해 나머지 한 장의 양쪽 끝에 붙여 문을 만듭니다.

02 내 마음으로 들어가는 문이라고 상상하고, 문 바깥쪽과 문 안쪽 모습을 그림으로 표현합니다.

03 그림을 완성한 다음, 어느 쪽이 더 마음에 드는지 자신에게 질문하고 생각합니다.

04 내 마음의 밖과 안의 모습이 어떻게 다른지 현재 자신의 심리와 연계해서 생각해 보고, 간단한 문장으로 적어 봅니다.

> **Tip** 자신의 내면세계를 그림으로 표현하는 활동이므로 현재 자신의 심리 상태와 성향, 문제점이 자연스럽게 드러납니다. 내 마음으로 들어가는 문 바깥쪽에는 '내가 소망하는 나의 모습' 또는 '외부 세계에 대한 두려움'이 표현될 수 있습니다. 문 안쪽에는 내 마음이 고스란히 담겨져 내면의 상태와 욕구, 그리고 문제점을 확인할 수 있습니다.

아픔이 가득한 내 마음(34세)

가장 친한 단짝 친구가 교통사고로 세상을 떠난 뒤 나는 심한 우울증에 시달려 왔다. 하지만 다른 사람에게 피해 주기 싫어서 겉으로는 아무렇지 않은 듯 괜찮은 척하며 지낸다. 내 마음으로 들어가는 문을 열어 보기가 무섭다. 어둡고 공허한 내 마음을 들여다보는 게 외롭고 힘이 든다.

혼자서 살아가야 하는 이 길은 가도 가도 끝이 없을 것 같다. 혼자 잘 살아 나갈 수 있을지 자신이 없지만, 그렇다고 다른 사람을 내 마음속으로 들어오게 하면 함께 힘들까 봐 두렵다. 문 안에 그린 마음속 작은 새가 언젠가는 이 아픔을 멀리하고, 훨훨 날아다닐 수 있기를 기도한다.

중기 단계
10 버리고 싶은 것, 갖고 싶은 것

평소에 자신이 버리고 싶은 것과 갖고 싶은 것에 대해 생각한 다음, 그림으로 표현해 봅니다. 스스로에게 질문을 던지고 답을 찾는 과정에서 자신의 심리 상태를 이해할 수 있습니다.

이렇게 해 봐요 | 준비물 : 도화지 2장, 색연필, 크레파스 사인펜 등 채색 도구

01 도화지 한 장에는 버리고 싶은 자기 물건이나 바꾸고 싶은 자기 모습을 그리고, 나머지 한 장에는 갖고 싶은 물건이나 되고 싶은 자기 모습을 그림으로 그립니다.
02 어떤 것을 가장 먼저 그리는지, 또는 망설이다가 그리는지 살펴봅니다.
03 그린 것에 대하여 생각해 보고 어떻게 하면 버리고 싶은 것은 버리고, 갖고 싶은 것은 가질 수 있을지 생각한 다음, 간단한 문장으로 적어 봅니다.

> **Tip** '버리고 싶은 것, 갖고 싶은 것'을 통해 평소에는 잘 생각하지 않고 넘어가는 자기 문제에 대해서 성찰할 수 있습니다. 내가 싫어하는 나의 모습을 찾아보고, 반대로 정말 소망하는 건 무엇인지 살펴보는 과정에서 자신의 심리 상태를 돌아보고 발전적인 변화를 실천하도록 돕습니다.

막막한 현실과 소박한 꿈(37세)

결혼한 지 9년이 지난 지금, 남편의 사업이 잘 풀리지 않아 빚이 많이 늘어났다. 남편이 벌어다 주는 수입에만 의지하고 살았는데, 형편이 안 좋아지니 처음에는 당황스러워서 눈물도 많이 흘렸다. 걱정만 하면 안 될 것 같아서 일을 찾고 있는데, 30대 중반을 넘어선 아줌마가 할 수 있는 일은 많지 않다. 마음은 조급하고, 얼굴에는 주름만 늘어 가는 것 같다.
현실은 막막하지만 그래도 앞날에 희망을 걸어 본다. 집안 문제가 잘 해결된다면 예쁜 정원이 있는 집에서 귀여운 강아지를 키우면서 지내고 싶다. 그리고 함께 고생한 남편과 가까운 곳으로 자동차 여행을 다니고 싶은 마음이 간절하다.

후기 단계

초기와 중기 단계의 다양한 미술치료 활동을 통해서 나에 대해 돌아보고 생각하는 시간을 가졌습니다. 평소에는 자신의 욕구와 감정이 무엇인지 모른 채 억압하고 묻어 두기에 바빴지만, 미술치료 활동을 진행하면서 적절하게 나를 표현하고 마음을 들여다보며, 판단하기보다 있는 그대로 받아들이는 방법을 배워 갑니다. 이렇게 마음속의 감정들을 이미지로 표현하고 자신을 이해하는 과정을 거치면서 정서적인 안정감을 느끼고, 자신을 긍정적으로 생각하며 자기에 대한 새로운 개념을 형성할 기회를 마련하였습니다.

후기 단계에서는 그동안 표출하고 경험한 감정을 추스르고, 과거와 현재의 자신을 생각하면서 앞으로의 삶에 대한 계획을 세우는 미술치료 활동을 합니다. 후기 단계의 활동을 통해 건강하고 긍정적인 자아개념을 확고히 하며, 발전하고 성장하는 심리적 기반을 다져 갑니다.

총 15회기의 미술치료 활동을 모두 경험한다고 해서 자신의 상황이 갑자기 바뀌지는 않습니다. 또한 내 생각과 감정을 항상 표출할 수 있는 것도 아니며, 욕구나 상황을 잘 알더라도 통제하기가 쉽지 않습니다. 그렇지만 이 미술치료 활동을 평소에 활용하면서 자신의 근본적인 갈등을 탐색하고 해결하려고 노력한다면, 그 과정에서 얻은 자신감과 긍정적인 마음이 발전적인 변화의 원동력이 될 것입니다.

후기 단계
11 인생 파노라마

자신의 개인적인 역사에 대해 생각해 보는 시간입니다. 자신의 과거와 현재, 미래를 떠올리면서 생의 주기에서 가장 강하게 떠오르는 기억과 이미지를 그림으로 표현해 봅니다.

이렇게 해 봐요 | 준비물 : 4절 도화지, 색연필, 크레파스, 사인펜 등 채색 도구

01 자신이 살아온 과거와 현재, 그리고 미래에 대하여 생각하는 시간을 갖습니다.

02 4절지 이상의 큰 도화지에 자신의 과거와 현재, 미래가 담긴 인생 그래프를 그립니다.

03 그래프에는 가장 떠오르는 일이나 사람, 물건, 자신의 모습 등을 상징화해서 그립니다. 떠오르는 분위기나 느낌 등을 추상적으로 표현해도 좋습니다.

04 벽에 붙이거나 멀리 놓고 감상하며, 떠오르는 느낌을 간단한 문장으로 적어 봅니다.

> **Tip** 자신의 과거와 현재, 미래에 대해 적극적으로 생각하고 표현하면서 자신을 분석하고 이해하는 방법을 배우며, 앞으로의 모습도 설계해 나갑니다. 과거의 어떤 일이나 사람이 자신을 힘들게 하였는지, 과거를 어떻게 극복해 왔고 현재의 모습은 어떤지 돌아보면서 해결점을 찾고 자신을 새롭게 인식합니다. 나아가 미래의 모습을 상상하고 설계하면서 현재를 더 기쁘게 살아갈 의지를 다집니다.

나의 인생 파노라마(40세)

나는 아들만 있던 가족에서 막내딸로 태어나 귀여움을 한 몸에 받고 자랐다. 사춘기에는 말괄량이에서 벗어나 조용히 음악을 즐기기도 하고, 대학에서 미술 공부를 하면서 화가가 되는 꿈을 꾸었다. 하지만 졸업하자마자 결혼을 일찍 해서 지금은 꿈을 접은 채 남편만 의지하며 산다. 하고 싶은 것이 참 많던 나였는데, 15년간 집에서만 지내니 정말 많이 답답하고 무기력하다. 다시 공부가 하고 싶다. 늦은 나이지만 능력을 계발하기 위해 공부하고 꿈을 펼치는 내 모습이 예쁜 날개를 달고 비상하는 모습 같다. 나비의 모습으로 과거, 현재, 미래의 인생 파노라마를 그리면서 나 자신에 대해 구체적으로 생각할 수 있었다.

후기 단계
12 가장 가 보고 싶은 곳

현재 자신이 가장 가 보고 싶은 곳이 어디인지 생각해 보고 그림으로 표현하는 시간입니다. 원하는 장소에 갔을 때 어떤 기분일지 상상하면서 그려 봅니다.

이렇게 해 봐요 | 준비물 : 도화지, 색연필, 크레파스, 사인펜 등 채색 도구

01 현재 가장 가 보고 싶은 곳이 어디인지, 그곳에 가면 어떤 기분일지 생각하는 시간을 갖습니다.
02 도화지에 가 보고 싶은 장소를 자유롭게 그림으로 표현합니다.
03 왜 그곳에 가고 싶은지 생각해 봅니다. 마음의 도피처가 필요한지, 또는 인생의 전환점이 필요한지 생각해 보고, 간단한 문장으로 적어 봅니다.

> **Tip** 자신이 가고 싶은 곳을 떠올리고, 구체적인 느낌과 분위기, 직접 갔을 때의 기분을 상상하고 표현하는 활동은 자유롭게 미래를 생각하고, 새로운 목표를 설정하게 도와주며, 스스로 방향을 제시할 수 있게 합니다. 더 나아가 잠재된 자기 성장 욕구를 확인하고 원하는 자아상도 발견할 수 있습니다.

따뜻한 휴양지(35세)

결혼한 지 6년이 지났지만 아직 임신이 되지 않아서 인공 수정을 시도하고 있다. 여기서 받는 스트레스를 확실하게 풀 수 있는 곳은 어디일까? 지금 가장 가 보고 싶은 곳은 동남아나 하와이 같은 휴양지이다. 남편과 둘이 여행가서 바비큐를 먹고 일광욕도 하면서 모든 걱정을 다 잊고 편히 쉬고 싶다. 이렇게 하면 스트레스도 풀리고 심리적인 부담감에서 어느 정도 해방될 것 같다. 그러면 임신도 더 잘 되겠지……. 남편은 매우 다정하고 나를 많이 배려해 주지만, 요즘 내가 너무 예민해져 있어서 미안할 뿐이다. 그림을 그리고 나니 마음이 많이 편해졌다. 남편에게 이야기해서 같이 가까운 곳이라도 여행을 다녀와야겠다.

> 후기 단계

13 갖고 싶은 물건 모으기

자신이 좋아하고 갖고 싶은 물건을 잡지에서 골라 붙이는 시간입니다. 원하는 물건을 콜라주로 모으면서 나 자신에게 긍정적인 힘을 불어넣어 줍니다.

이렇게 해 봐요 | 준비물 : 도화지, 잡지, 가위, 풀, 색연필, 사인펜 등 채색 도구

01 잡지를 준비해서 잡지에 나온 다양한 물건의 사진을 오립니다.
02 오린 물건 사진 중에서 자신이 좋아하고 갖고 싶은 것을 고릅니다.
03 도화지에 자신이 선택한 물건 사진을 붙이고, 그 주변을 채색 도구로 꾸밉니다.
04 완성된 작품을 보고, 떠오르는 생각을 간단한 문장으로 적어 봅니다.

Tip 자신이 좋아하며 갖고 싶은 물건을 찾고 구성하는 가운데 기분을 전환할 수 있으며, 미래를 긍정적으로 바라볼 수 있습니다. 시각적인 즐거움도 있지만 심리적인 만족감, 즉 물건을 소유할 수 있다는 자신감과 긍정적인 감정도 함께 충족되기 때문입니다.

내가 갖고 싶은 것들(29세)

잡지에서 갖고 싶은 물건들을 골라 오려 봤는데, 구체적인 물건도 있고 무형의 것도 있다. 나는 경제적인 여유가 생긴다면 거실이 넓은 집과 멋진 자동차를 갖고 싶다. 커피를 마시면서 읽을 수 있는 책을 많이 갖고 싶고, 나를 예쁘게 꾸밀 수 있는 화장품과 맛있는 음식도 가득하면 좋겠다. 또 여유 있게 여행을 다니고 마사지를 받을 수 있는 시간이 넉넉하길 바란다.
이 모든 걸 함께할 수 있는 멋있는 남편과 우리 둘 사이를 축복해 줄 수 있는 꽃이 가득한 결혼식 풍경도 내 눈앞에 펼쳐지면 좋겠다. 갖고 싶은 것들을 모아 보니 나의 미래가 그려지고, 마음이 든든해진다.

후기 단계

14 내가 꿈꾸는 미래

자신이 꿈꾸는 미래를 설계해 보는 시간입니다. 나의 미래를 구체적으로 생각하면서 계획을 세우고, 새로운 목표를 설정함으로써 현재를 활기차게 살아갈 동기를 얻습니다.

이렇게 해 봐요 | 준비물 : 4절 도화지, 색연필, 크레파스, 사인펜 등 채색 도구

01 자신이 꿈꾸어 온 미래를 구체적으로 상상해 봅니다.

02 4절지 이상의 큰 도화지를 반으로 나누어서 한 쪽 면에는 나의 미래 모습을 구체적으로 그립니다.

03 다른 한 쪽 면에는 미래를 위해 준비해야 할 것과 마음가짐 등을 써넣습니다.

04 실천 가능한 것부터 바로 시작할 수 있게 다짐해 봅니다.

> **Tip** 이 활동은 '인생 파노라마(63쪽)'와 연결되어 미래에 대한 구체적인 계획을 세울 수 있게 도와줍니다. 내가 가장 원하는 꿈을 상상하고, 그림으로 그리면서 구체화시키는 것이 중요합니다. 그러므로 다양한 꿈을 그리기보다는 되도록 한 가지 꿈을 그리기를 추천합니다. 꿈에 대한 적극적인 실천 방법과 마음가짐을 직접 쓴다면 미래가 상상만으로 끝나는 것이 아니라 일상생활에서 실천해 나가는 에너지가 생기게 합니다.

남자 친구와의 데이트(27세)

대학 졸업 이후 지금까지 공무원 시험을 준비하느라 남자 친구와 제대로 만나지 못했다. 취직을 한다면 항상 내 곁에 있어 준 듬직한 남자 친구와 예쁜 옷을 입고 데이트를 하고 싶다. 매일 공부해야 하는 취업 준비생이 아니라 직장인이라면, 주말 하루 종일 남자 친구와 만나도 마음이 편할 것 같다. 시험이 끝나고 봄이 되면 꼭 대공원에 갈 생각이다. 남자 친구와 손잡고 대공원을 걸으면서 동물들을 구경하고, 간식도 먹는다고 생각하니 입가에 미소가 지어진다. 지금 내 꿈은 참 평범할지 모르지만 작은 꿈이라도 조금씩 나 자신에게 동기를 부여하고, 끊임없이 도전한다면 어느새 나도 꿈을 이룰 수 있을 것이다.

후기 단계
15 나에게 주는 사랑의 선물

소중한 나에게 힘과 사랑을 준 사람이나 물건 혹은 현재 나에게 힘을 줄 수 있는 선물을 만듭니다. 자신에게 사랑의 선물을 주면서 더욱 자신을 아끼고 사랑하는 계기를 갖습니다.

이렇게 해 봐요 | 준비물 : 도화지, 색연필, 크레파스, 사인펜 등 채색 도구, 점토 도구

01 나와 가족 혹은 내 주변의 모든 것에 대해 생각하고, 아주 작은 것이라도 힘과 사랑을 받은 경험을 떠올려 봅니다.

02 과거와 현재에 힘과 사랑을 준 사람이나 물건을 구체적으로 떠올리고, 그 감정도 떠올립니다.

03 떠올린 이미지와 감정을 그림으로 표현하거나, 점토로 만들어 봅니다.

04 완성된 작품을 보면서 만들 때의 느낌과 만든 후의 느낌을 떠올리고, 느낌이나 생각을 간단한 문장으로 적어 봅니다.

Tip 자신의 긍정적인 경험이나 감정은 삶의 질을 향상시키고, 삶이 무의미한 순간에 생기는 신체적·정신적 질환을 예방합니다. 타인과의 관계에서 소외감이나 단절감을 느끼고, 위축되어 있을 때 누군가로부터 사랑 받은 경험을 기억하거나 나에게 힘과 사랑을 줄 것을 찾아봅니다. 역경이나 부정적인 경험에 쉽게 좌절하지 않고, 그 속에서 긍정적인 방향으로 성장할 수 있는 자원을 발견하게 됩니다. 이 사랑의 선물은 누구보다도 자신을 아끼고 사랑하는 마음을 키워 주고, 자아실현이라는 여행에 큰 힘이 되어 줍니다.

나에게 주는 선물(50세)

50대에 접어든 요즘, 나이가 든다는 부담감 때문에 입고 싶은 옷을 잘 입지 못하고, 하고 싶은 것도 자연스럽게 못한다. 그럴수록 힘을 내야 한다는 생각이 들어 이 활동에 집중하였다. '젊음', '건강', '사랑' 3가지가 나에게 주는 선물이다. 도화지 가운데에는 젊은 날의 나를 넣었다. 그 주변에는 스포츠를 즐기고, 연애를 하는 등 다양한 활동을 즐기는 내 모습을 상상하며 표현하였다. 지금까지 이렇게 하지 못하고 살아온 내 인생에 대해 다시 생각하는 시간을 가졌다. 그동안 나 자신을 억제하고, 수줍어하고, 소심하게 살아왔는데, 이제는 변하고 싶다. 우울한 감정은 떨쳐 내고, 나를 위해서 자유롭게 활동적으로 살고 싶다.

3장 나를 위한 행복한 미술치료하기

일상이 즐거워지는 미술치료

계절이 바뀌듯 변화하고 성장하는 여성

여성의 일생은 계절과도 같습니다. 여성의 몸은 평생 변화를 거듭합니다. 남자는 사춘기 전후로 급격하게 신체 변화를 겪으면 그 이후에는 별다른 변화가 없습니다. 하지만 여성은 사춘기를 비롯해 임신, 출산, 육아, 완경 등 생애 주기에 따라 다양한 변화를 경험합니다.

여성은 세상에 태어나서 부모님의 따사로운 보살핌 속에서 파릇파릇하고 연약한 봄의 유년기를 보냅니다. 그러고 나서 사춘기가 되면 2차 성징을 겪고 여름의 문턱에 들어섭니다. 결혼을 한 후 가정을 꾸리고 출산을 통해 생명을 창조하는 이 시기는 마치 여름처럼 모든 것이 꽃을 피우고 풍요롭습니다. 햇볕이 충분하게 내리쬐고, 시원한 바람이 불기도 하며, 나무 밑 그늘에서는 아이들이 재잘거리며 쉼 없이 자라납니다. 가정과 사회를 이끌어 가는 주체가 되어 정신없이 바쁜 생활을 일정 기간 지속합니다. 어느 때는 너무 더워서 그저 피하고 싶기도 하고, 연일 태풍이 몰아쳐서 힘겨운 여름날이 찾아오기도 합니다.

분주하고 왁자지껄한 여름이 지나가면 여성은 완경기를 통해서 가을을 맞이합니다. 사계절의 가을처럼 인생의 수확기에 서 있는 여성은 풍요로움을 만끽할 수 있습니다. 봄과 여름의 농사를 소홀히 하면 가을에 수확하기가 어렵듯이, 여성으로의 봄과 여름에 건강과 가정, 자신의 삶을 돌보지 않는다면 가을인 완경기에 행복하게 살기 어렵습니다. 자녀를 키우고 가정을 돌보는 일에서 자유로워지면서 한편으로는 진정한 인생의 즐거움과 완성의 기쁨도 맛봅니다. 그리고 이어 찾아오는 인생의 겨울인 노년기에는 주변 사람들이 곁을 떠나가고, 자신의 인생을 돌아보는 시간을 갖으며 마무리를 합니다.

계절이 바뀌듯 자연스레 변화하는 여성의 일생을 돌아보았습니다. 사계절의 변화에 따라 각기 다른 날이 펼쳐지는 것처럼 여성은 일생의 각 시기별로 다양한 경험을 합니다. 그렇지만 모두 '여성'이라는 공통점이 있어 경험의 주제와 종류가 비슷하며, 관심사와 고민거리도 비슷합니다.

🌿 시기별로 달라지는 여성의 일상과 고민

여성은 연령에 따라 다양한 고민을 합니다. 사춘기에는 외모와 이성에 대해 관심을 갖기 시작하고, 입시 문제로 고민을 합니다. 대학생이 되면 진로 문제와 씨름하고, 직장인이 되면 사회생활에 적응하는 과정을 거칩니다. 그리고 결혼을 위한 교제에도 관심이 집중됩니다.

결혼을 하여 전업주부가 될 경우 새로운 가족 관계에 대한 고민이 생기고, 워킹맘이 되면 일과 가정을 양립해야 하는 어려움이 생깁니다. 혹시라도 이혼을 하게 된다면 혼자서 가정을 이끌어 가야 한다는 책임감으로 마음이 무거워집니다. 이렇게 생활에 쫓겨 자신을 돌보지 않는다면 신체적·정신적으로 다양한 질환에 쉽게 노출됩니다. 그리고 가족을 위해 헌신하던 삶은 완경기를 맞이하면서 공허함으로 다가옵니다.

학교와 직장 그리고 가정에서 바쁜 일상을 보내는 현대 여성들은 자신의 진정한 내면세계와 만나기 힘듭니다. 계절이 변해가듯 여성의 일생은 변화무쌍한데, 그에 맞는 준비나 대처를 잘하지 못하는 것이 현실입니다. 미술치료는 내면세계와의 만남입니다. 인생의 변화와 삶의 의미를 찾기 위해 일상에서 미술치료 활동으로 자신과 꾸준히 만나는 작업이 필요합니다.

🌿 마음이 즐거워지는 일상 미술치료

총 15회기의 미술치료 프로그램을 통해서 자신과 깊이 있게 만나고 이해하는 과정을 거쳤습니다. 여기에서는 같은 시대에 비슷한 모습으로 살아가는 다른 사람의 삶과 고민을 들여다보려고 합니다. 어떤 고민으로 힘들어하는지, 어떻게 대처해 나가는지 미술치료 작품과 이야기를 통해 함께 생각해 봅니다. 또한 다른 사람과 비슷한 상황에 처한다면 나에게 적용할 수 있는 방법도 배웁니다.

미술치료는 치료뿐만 아니라 건강한 삶을 꾸려 가는 인생의 좋은 도구로서 활용할 수 있습니다. 여기에서 제시한 일상 미술치료 활동을 응용하여 나의 문제나 고민거리를 해결해 보세요. 복잡한 생각과 감정을 있는 그대로 표출하면서 마음은 정화되고 정서적으로 안정될 것입니다. 완성한 미술치료 작품을 보면서 마음을 정리하면 나의 모습과 감정, 내가 처한 상황을 받아들이는 여유가 생기고, 긍정적인 해결 방법을 모색할 수 있습니다.

20~30대 중반 여성

입시 경쟁을 겨우 지나왔는데 취업 경쟁이 기다립니다. 그리고 취업을 하고 나면 새로운 사회에 적응해야 합니다. 직장 생활을 시작하고 자리를 잡으면서 이제는 결혼 문제로 고민을 합니다. 자신의 꿈을 이루어 가고, 사회의 한 구성원으로 당당하게 인정받으며, 좋은 가정을 꾸리는 것이 20~30대 중반 여성들의 바람입니다.

사회인으로 성장하고, 부모 곁을 떠나 자기 가정을 만드는 이 시기의 여성들에게는 자아정체감과 자신감이 필요합니다. 남들과 비슷하게는 가야 한다고 경쟁적으로 살다 보면 하고 싶은 일과 원하는 사랑, 삶을 찾을 때 자기 색깔은 잃어버리고, 주변의 조언대로 살기 쉽습니다. 미술치료 활동으로 자신을 들여다보고, 자신에게 맞는 삶의 방향과 실현 방법을 찾아보세요.

20~30대 중반 여성
취업을 앞둔 나, 열심히 살고 싶어요

> 20대는 생기 있고 발랄할 것 같지만 늘 밝은 생각으로만 가득하진 않습니다. 대학교 4학년인 민희(가명, 23세) 씨는 요즘 취업 준비로 한창 바쁘게 지냅니다. 취업 이야기를 하다가 점점 얼굴빛이 어두워지는 것을 보고는 '**취업하면 생각나는 것**'과 '**지금의 느낌**'을 그림으로 그리기로 하였습니다.

"내 눈앞에 계단이 끝없이 펼쳐져 있는 것 같다. 그림을 보니 한숨이 나온다. 나름 열심히 공부하고 있지만, 어쩐지 확신이 들지 않는다.
생각해 보면 지금까지 내 인생에 확실한 건 정말 아무것도 없었던 것 같다. 정말 올해에 꼭 취업하고 싶은데, 가면 갈수록 자신이 없어진다."

생각해 볼까요

그림 주변에는 어떤 풍경도 없고 그저 건조하게 계단만 그려져 있습니다. 계단이 어디에서 왔고, 또 올라가면 무엇이 있는지도 알 수 없습니다. 민희 씨는 지금 나름대로 열심히 취업 준비를 하지만 정작 무엇을 하고, 또 어떻게 준비해야 할지, 취업을 하고 나면 무엇이 기다리고 있을지 모른 채 막막해하고 있습니다.

다른 친구들이 하는 대로 준비해서 직장을 얻는다면, 취업 후에는 또 다른 고민에 휩싸이게 될 것입니다. 왜냐하면 정말 자기가 하고 싶은 일이 무엇인지 모르기 때문이지요. 지금 민희 씨는 취업에 필요한 학점과 토익 점수 관리에 총력을 기울이는 만큼, 침착한 마음으로 정말 자신이 좋아하는 일, 하고 싶은 일은 무엇인지 스스로에게 질문해야 할 때입니다.

20~30대 중반 여성
나의 삶은 봄이다

> 대학교의 학부 과정을 마치고 졸업을 앞둔 대학생들은 진로에 대해서 많은 생각을 하게 됩니다. 유리(가명, 24세) 씨는 앞으로 살아갈 날들을 생각하니 걱정이 앞선다고 합니다. 고민이 많은 유리 씨에게 **자신의 생각을 마음껏 표현해 보는 자유롭게 연상하여 그리기**를 제안하였습니다.

"요즘 나의 머리는 여러 가지 생각으로 가득 차 있다. 많은 사람을 만나고, 여러 일 중에서 내가 해야 할 일들에 대해 고민하며, 나의 삶을 즐기고 가꾸는 것에도 관심이 많다.
뇌 구조를 그리는 것처럼 수많은 감정과 기분과 일에 대한 생각들을 표현해 보았다. 그림보다 더 단순하게 나의 삶이 정리되고, 이 많은 것을 균형 있게 가져갈 수 있게 끊임없이 고민해야겠다."

생각해 볼까요

인생의 한 시기가 끝을 맺고, 또 다른 시기가 시작되기 전에는 충분한 고민의 시간이 필요합니다. 유리 씨는 생각이 많고 그보다 걱정이 앞서기 때문에 자유 연상 작업으로 편하게 생각하고 마음껏 표현하는 작업을 권하였습니다. 유리 씨는 여러 가지 생각을 한 공간에 쏟아내 그림으로 그렸습니다.

단순히 머릿속으로만 고민했더라면 끝도 없었을 생각들이, 머리와 손을 거쳐 종이에 옮겨지면서 밖으로 나오게 되고, 또 한눈에 알아볼 수 있도록 일정한 공간에 정리됩니다. 그리고 추상적인 감정이나 기분, 생각을 구체적으로 확인하고, 해야 할 일들을 객관적으로 보며 우선순위를 매길 수 있습니다. 활동을 끝낸 다음 마지막에 '봄'이라는 말을 써넣고, 바쁘지만 즐겁다고 말한 유리 씨의 미래는 긍정적으로 보입니다.

20~30대 중반 여성
나를 축하하는 지금이 정말 행복해요

선아(가명, 25세) 씨는 대학교를 졸업하고, 대학원 준비를 하면서 많이 힘들어 하였습니다. 마침 선아 씨의 생일날에 대학원 합격이라는 좋은 소식을 들었습니다. **일 년 동안 수고한 자신에게 보상할 수 있도록 '나에게 선물하기'라는 주제로 그리기**를 진행하였습니다.

"오늘은 나의 생일이다. 생일날 아침에 대학원 합격 소식을 확인했다. 그동안의 노력이 좋은 결과를 가져와서 정말 행복하다.
나의 기쁘고 행복한 마음과 한결 가벼워진 듯한 심정을 말해 주는 분홍색 케이크. 그리고 케이크 위에는 밝게 빛나는 여러 가지 색깔의 촛불을 그려 보았다. 정말 나 자신을 칭찬해 주고 축하해 주고 싶은 날이다."

생각해 볼까요

선아 씨의 부드러운 파스텔 톤 그림에는 지금의 행복한 심정이 잘 나타나 있습니다. 하늘색의 배경과 케이크가 잘 어우러져서 보기만 해도 기분 좋은 그림이 되었습니다. 다양한 색깔의 양초로 장식도 하여 설레는 기분까지 느껴집니다. 바쁘고 힘든 삶 속에서 원하는 목표를 이룬다는 것은 참 즐거운 일입니다.

미래를 위한 목표를 정하고, 이루어 가는 과정은 결코 쉽지만은 않습니다. 다른 것을 하고 싶은 욕구를 참아야 하고, 집중하며 노력을 기울여야 하기 때문입니다. 어렵고 힘든 과정을 지나 목표를 이룬 자신에게 선물하는 이 활동은 지난 시간을 잘 마무리하고, 칭찬으로 자신감과 성취감도 새롭게 느끼며, 긍정적인 자아개념을 잘 다질 수 있는 삶의 지혜입니다.

20~30대 중반 여성

신입 사원, 요즘 나의 일상이에요

지희(가명, 26세) 씨는 취업한 지 6개월 정도 지난 신입 사원입니다. 직장을 잡고 일을 시작한 지 얼마 되지 않았지만, 계속되는 야근과 과중한 업무로 많이 지쳐 있습니다. '**요즘 자신의 생활**'에 대해 **그림으로 표현**해 보았습니다.

"직장 생활을 하기 시작한 지 이제 6개월이 지나서 아직은 적응 중이다. 그렇지만 적응을 하기 전부터 계속되는 야근 때문에 내 몸과 마음은 피곤하고 지쳐 있다. 처음에는 가족같이 따뜻하게 느껴지던 회사 동료들이 좋았는데, 과중한 업무로 회사 분위기가 딱딱해졌고, 업무 외에는 대화가 없어진 지 오래되었다.

이러한 상황에서 벗어나고 싶지만, 어쩔 수 없이 나도 동료들처럼 일에 매진하고 있다. 그림을 그리기 전에 강박관념처럼 뇌리에 박혀 있는 장면을 떠올렸는데, 그림을 완성하고 보았을 때 나의 일상과 너무 똑같아서 많이 놀랐다."

생각해 볼까요

입사한 지 6개월 된 신입 사원이라면 회사 분위기나 업무에 적응하기 쉽지 않습니다. 지희 씨의 그림을 보면 거의 채색을 하지 않은 데서 사무실의 삭막한 분위기를 알 수 있으며, 사람만 채색한 경향에서 인간관계에 대한 갈망이 느껴집니다. 사람들이 모두 무표정하게 그려진 그림은 일상의 딱딱한 분위기를 잘 드러냅니다.

지희 씨처럼 자신의 일상생활을 그려 보면, 그림을 통해서 현실을 좀 더 객관적으로 볼 수 있습니다. 신입 사원인 지희 씨에게는 직장 생활이 일상에서 매우 중요한 부분이겠지만 차츰 일과 자기 삶 전체와 균형을 찾고, 스트레스나 피로를 조절하는 방법을 모색해서 좀 더 활기찬 일상을 꾸리도록 노력해야 합니다.

20~30대 중반 여성
진정한 나를 찾아요

민지(가명, 28세) 씨는 어렵게 들어간 직장에서의 생활이 마냥 행복하고 즐겁지만은 않습니다. 힘들게 들어간 만큼 더욱 인정받고 싶고 일에 대한 욕심도 많지만, 부모님은 민지 씨가 결혼하길 원하기 때문입니다. 민지 씨에게는 **'현재 자신의 모습과 고민거리'를 구체적으로 그려 보는 작업**을 제안하였습니다.

"2년 동안 치열하게 준비해서 어렵게 들어간 회사인데 일을 많이 배우고 싶고 또 일을 잘해서 더 인정받고 싶다. 그렇지만 부모님과 애인은 내가 일찍 결혼하길 바라고, 결혼을 하면 직장 생활을 잘 하기 힘들 것 같아 아직은 결혼하기가 싫다.
가족과 애인이라면 나의 마음을 가장 잘 이해해 줘야 하는데, 나를 너무 모르는 것 같아서 속상하다."

 생각해 볼까요

일과 사랑 모두를 가진 것 같은 그녀도 사실은 일과 사랑의 양립에서 고민하고 있습니다. 이런 상황은 20대 후반에서 30대 초반의 여성이라면 누구나 한번쯤 겪습니다. 아름다운 민지 씨의 머릿속에는 애인과의 사랑, 밤늦게까지 회사 일을 하면서 먹는 야식, 자유로웠던 유학 생활까지 많은 생각이 담겨 있습니다.

화려하고 다양한 생각을 하는 머리와는 달리 의견을 말하는 입이 그려져 있지 않습니다. 주변의 기대를 저버리지 않으려는 민지 씨의 답답한 마음을 표현한 듯합니다. 결혼은 아직 이르다는 생각과 직장 생활을 잘하고 싶은 고민을 가까운 사람들과 나누지 못하는 심리적 고립감의 표현입니다. 많은 생각을 그림으로 형상화하면서 조금씩 머릿속을 정돈하고, 민지 씨 인생에서 정말 중요한 부분을 잘 가져갈 수 있게 가족과 애인에게 터놓고 이야기하는 시간이 필요합니다.

20~30대 중반 여성
건강하고 밝게 살아요

사회 초년생인 유경(가명, 28세) 씨는 항상 밝은 표정으로 사람들을 대합니다. 항상 밝은 성격이어서 혹시나 마음속 깊은 감정을 그냥 지나치는 건 아닌지 알아보기 위해 **자신을 탐색하는 만다라 그리기**를 진행하였습니다.

"나는 항상 긍정적이고 밝은 마음으로 세상을 살아가는 편이고, 언제나 바른 길을 가기 위해 노력해 왔다. 삶에서 힘든 일이 있더라도 곧은 마음으로 세상을 정확히 바라보려 한다.
긍정적인 마음으로 살아간다면 어려움이 없을 것이라 생각한다. 앞으로 즐겁게 삶을 살면서, 주변과 세상에 빛과 같은 존재가 되고 싶다."

생각해 볼까요

유경 씨는 힘들고 지치더라도 긍정적으로 살아가려는 마음가짐을 만다라로 표현하였습니다. 빛과 같은 존재가 되고 싶은 마음이 만다라의 은은한 테두리에 잘 나타나 있고, 중심의 노란색은 의식의 성장, 자신의 개별성에 대한 깨달음을 의미합니다.

미술치료사 조안 켈로그는 몇 천 개의 만다라를 분석해서 특정한 12개의 패턴을 발견하였고, 이 패턴은 사람이 처한 환경과 상황에 따라 주기적으로 다양하게 변화한다는 사실을 알게 되었습니다. 만다라의 이러한 특성을 '대주기'라고 합니다.

유경 씨의 만다라는 조안 켈로그의 대주기에서 '과녁'에 속하며, 이는 의식적인 성장을 하는 시기임을 의미합니다. 중심에서 바깥으로 뻗어 나가는 색채와 유경 씨의 그림 설명에서 현재 목표를 향해 긍정적으로 변화하고 있음을 알 수 있습니다.

20~30대 중반 여성
직장에서 스트레스를 받고 싶지 않아요

지민(가명, 31세) 씨는 현재 직장에서의 업무뿐만 아니라, 인간관계 때문에 어려움이 많습니다. 직장 생활을 하면서 스트레스를 많이 받는 지민 씨에게 **'자신의 스트레스 상황'을 그림으로 표현**하도록 제안하였습니다.

"조금 늦은 나이에 어렵게 입사한 직장이라서 항상 좋은 일만 있을 줄 알았다. 그런데 일을 하면서 새로운 사람들과 매번 접촉하다 보니 다양한 인간관계에서 어려움이 생긴다. 내가 어느 정도 나이가 있어서 일하기가 괜찮을 줄 알았는데, 막상 다른 사람들보다 쉽게 지치고, 쉽게 힘들어하며, 쉽게 화를 내고 있다. 이런 나 자신이 너무 어리게 느껴진다.
그림을 그리고 나니 직장에서는 일을 잘하는 게 전부가 아니라 다른 여러 가지 부분도 함께 챙겨 가야 한다는 생각이 든다.

생각해 볼까요

인간관계로 힘들어하는 지민 씨는 힘이 없는 선과 연한 채색으로 스트레스를 받아 피곤한 현재 상태를 그림으로 표현하였습니다. 취업을 준비할 때는 취업만 되면 힘든 상황이 모두 해결될 거라고 기대를 합니다. 그러나 막상 직장 생활을 하면 업무를 배우고 수행해 나가야 하고, 새로운 인간관계를 형성하고 유지해야 합니다. 또 다양한 상황을 만나고 그 상황에 알맞게 대처하기 위해 많은 노력이 필요합니다.

다른 사람들과 소통하며 함께 일해야 하는 직장 생활에서 다양한 어려움을 겪을 수 있음을 인지하고, 미술치료 활동이나 취미로 감정적인 고통과 스트레스를 바로바로 풀어야 합니다. 또한 자신의 고민을 나눌 수 있는 사람에게 조언을 구해 보는 것도 좋습니다.

20~30대 중반 여성
가족과 함께 여행을 갔어요

워킹맘인 경아(가명, 32세) 씨는 항상 가족과 일 사이에서 많은 어려움을 겪습니다. 아이를 잘 키우고 싶지만 일을 해야 하는 상황에서 힘들어하여 **명화를 보고 자신의 느낌과 생각을 첨가해 변형하는 명화 이어 그리기**를 진행하였습니다.

"고갱의 그림을 보자 가족과 함께 했던 지난 여름휴가가 생각났다. 그동안은 아이가 너무 어리기도 하고, 일도 너무 바쁘다는 이유로 여름이나 겨울에 휴가 한번 여유롭게 즐기지 못했다. 이런저런 핑계로 계속 미루다 보니 아이에게 재미난 추억 하나 만들어 주지 못할 것 같아서 속상했다.

지난해 초에는 여름이 되면 꼭 놀러 가자며 남편과 계획을 세웠다. 오랜만에 여행을 떠나고, 가족이 함께 바닷가에서 물놀이도 하니 정말 행복했다. 이러한 시간을 자주 갖고 싶다는 생각이 들어서 손에 요술 램프처럼 생긴 병을 그리고, 그 병에서 램프의 요정이 나와서 소원을 들어주는 장면을 표현했다."

생각해 볼까요

고갱의 그림책을 한참 들여다본 경아 씨는 여름휴가에서의 기억을 되살리고 〈타히티의 여인들〉을 변형하여 그림을 그렸습니다. 그림의 가운데에는 가족과 함께 즐거운 시간을 보내고 싶은 경아 씨가 요술 램프를 들고 서 있습니다. 램프의 요정을 통해서 경아 씨가 할 수 있는 것 이상의 힘을 기대하는 듯 보였습니다.

일과 가정 사이에서 생활을 잘 꾸려 나가기는 어느 가족에게나 쉽지 않습니다. 엄마이기 때문에 아이에 대해 미안한 마음을 더 들 수도 있지만, 일하는 가족이 균형 있는 생활을 하려면 가족 구성원 모두가 합심하고 노력해야 합니다. 가족에게 그림을 보여 주면서 서로의 감정과 욕구를 이야기하고, 자기 가족에게 맞는 방법을 차근차근 찾아 나가는 작업이 필요합니다.

20~30대 중반 여성
나의 소원을 들어주는 요술 호리병

선아(가명, 33세) 씨는 출산 후 다니던 직장을 그만두고 집에서 아이를 키우며 지냅니다. 일에 대한 욕심이 많기 때문에 현재 일과 육아 사이에서 심한 갈등을 겪고 있습니다. 많은 고민과 걱정에서 벗어나 하나에 집중할 수 있도록 **'자신이 바라는 것'을 정밀 묘사로 표현**하도록 제안하였습니다.

"이루고 싶은 일과 갖고 싶은 것은 너무 많은데, 그 많은 것을 이루기에는 너무 역부족이다. 다른 사람들은 나보다 앞서 나가고, 나만 너무 뒤쳐져 있다고 느껴진다. 20대일 때는 무언가를 이룬 30대의 내 모습을 상상했는데, 지금의 나는 그때 그렸던 미래의 내 모습과 너무나도 다르다.
책상 옆에 놓여 있는 꽃병이 마치 요술 호리병처럼 보여 나의 소망을 담아 이 그림을 그렸다."

생각해 볼까요

선아 씨는 단순한 꽃병이지만 자신의 소망을 꽃병에 투영하여 그림을 그렸습니다. 매우 강한 선으로 꽃병을 그린 것은 그만큼 원하는 바를 강하게 이루고 싶은 마음을 보여 줍니다. 건강과 재물, 자유롭게 날고 싶은 새, 아름다운 꽃 등 선아 씨가 간절히 바라는 것들이 꽃병에서 나옵니다.

아이는 우리에게 참 귀한 존재이지만 한편으로 엄마는 자신의 일도 중요하게 생각합니다. 많은 여성이 일과 육아를 분리해서 생각하기 때문에 괴로워합니다. 아이가 어릴 때는 우선 육아 쪽으로 비중을 두고 아이가 성장하는 동안 꾸준히 직업적인 준비를 해 보세요. 다시 일에 매진할 수 있는 기회가 생길 수 있습니다. 혹은 일과 육아를 병행할 수 있도록 주변 사람들과 의논해서 도움을 요청해 보세요.

30대 중반~40대 여성

결혼을 하고 자녀를 낳아 가정으로 꾸리는 전업주부가 되면 가족에게 헌신하는 가장 바쁜 시기를 보냅니다. 점차 아이들이 성장하고 남편도 바빠지면서 변해가는 생활 패턴에도 적응해야 합니다. 또한 워킹맘이 되면 집에서는 아내와 엄마, 며느리의 역할에 충실해야 하고, 사회에서는 일의 중심에 서서 다양한 역할을 해 내야 합니다. 그리고 그동안 직장에서 일했던 것을 승진 등으로 인정받고 싶어 하지요.

30대 중반~40대를 살아가는 여성은 자신을 위해 쏟을 시간과 여유가 부족하여 스트레스를 많이 받고, 또한 스스로를 잘 돌보지 못해 건강에 적신호를 발견할 수 있습니다. 아이들과 남편 등 가족이 소중한 만큼 자기 자신도 소중하게 챙겨 가는 마음이 필요합니다. 여기에 제시되는 미술치료 활동으로 다른 사람의 일상을 자신에게 적용해 보고, 몸과 마음의 여유와 건강을 찾는 시간도 가져 보세요.

30대 중반~40대 여성
나는 내가 바라는 모습조차도 부정해요

> 직장 생활에 늘 열심인 준희(가명, 35세) 씨는 자신에 대해서 항상 부정적으로 생각합니다. 이런 준희 씨에게 '**자신이 바라는 나의 모습**'과 '**나를 표현할 수 있는 것**'을 **콜라주로 꾸며 보는 작업**을 제안하였습니다.

"나는 행복하지 않다. 나는 언제나 부족하고, 나의 일상은 불만으로 가득하다. 난 좀 더 예뻐지고 싶다. 좀 더 날씬하고 싶고, 텔레비전이나 잡지에 나온 사람처럼 옷도 세련되게 입고 싶다. 나는 좀 더 풍족하고 나은 삶을 원한다.

내가 바라는 이 모습을 잡지에서 골라 붙여 봤다. 콜라주를 하다 보니 내가 너무 외적인 것에 치중하는 것 같아 싫었고, 남들이 이런 내 모습을 알게 될까 봐 두렵기도 했다. 난 순간적으로 콜라주를 진한 색 매직으로 마구 칠해서 싫은 감정을 표현했다. 이러한 과정이 나의 감정 흐름을 솔직하게 말해 주는 듯하다. 조금 더 객관적이고 사실적으로 나를 볼 수 있었다."

생각해 볼까요

콜라주에 붙여진 사진에서 볼 수 있듯이 준희 씨는 외모에 관심이 많고 풍족한 삶을 원하지만, 이런 자신의 모습을 싫어합니다. 자신이 바라는 모습을 부정하는 준희 씨에게는 양가감정이 존재하는데, 이렇게 혼란스러워하는 상황과 원인에 집중할 필요가 있습니다.

준희 씨는 직장에서 인정받기 위해 최선을 다해 일할 뿐만 아니라, 외모에도 관심을 갖기 시작하였습니다. 콜라주를 매직으로 진하게 칠하면서, 자신이 원하는 건 외적인 모습이 아니라 직장에서 진정으로 인정받는 것임을 알게 되었습니다. 미술치료 활동으로 감정을 솔직하게 드러내면서 양가감정을 해결할 실마리를 찾았습니다. 더 나아가 준희 씨가 직장에서 인정받는 것은 어떤 의미인지, 또한 자신을 늘 부족하게 생각하는 이유가 무엇인지를 탐색해 보길 권합니다.

30대 중반~40대 여성
하루하루가 시간과의 싸움이에요

> 수진(가명, 36세) 씨는 가정과 직장에서 바쁜 하루하루를 보내고 있습니다. 직장에서 하루종일 일하며, 집에 와도 또다시 해야 할 일이 많아서 늘 긴장감을 느낍니다. 수진 씨와는 '**현재 자신의 모습**'을 주제로 그리기를 진행하였습니다.

"아침에 눈을 뜨고 잠자리에 드는 순간까지 나는 시간과 싸움을 한다. 밤늦게 일을 마치고 집에 들어와도 편히 쉬지 못하고, 계속해서 해야 할 일만 생각난다.

아무리 노력해도 할 일은 참 많고 시간은 부족하다. 잠자는 시간 외에는 나를 위해 생각할 시간이나 투자할 시간이 없다. 그저 나에게 주어진 일을 처리하고, 다시 새로운 일을 맡는 일상의 반복이다. 언젠가는 이러한 생활이 끝나고 여유롭게 삶을 즐길 수 있기를 소망해 본다."

생각해 볼까요

쫓기는 듯한 일상을 모래시계로 표현한 그림입니다. 모래시계 위쪽의 모래가 점점 줄어드는 것처럼 수진 씨의 일상이 불안하게 느껴집니다. 그렇지만 모래를 분홍색으로 표현하였네요. 시간이 부족한 만큼 열정적으로 살아가는 수진 씨의 에너지를 반영하고 있습니다.

모래시계 위쪽의 모래가 가득차면 마음이 좀 더 편안해질까요? 어차피 모래는 아래쪽을 향해 떨어질테니 다시 불안해질 것입니다. 수진 씨에게는 모래시계가 말하는 일상의 조급함을 해소할 정적인 그림 그리기 활동을 권하고 싶습니다. 잠깐이라도 자신을 돌아보는 창작 활동을 한다면 마음의 여유를 조금씩 찾을 수 있을 것입니다.

> 30대 중반~40대 여성
남편과 함께 나아갈 거예요

재영(가명, 36세) 씨는 평소 남편 때문에 자신이 망가지고 희생되었다고 생각하며 지냅니다. 부부 사이에서 갈등을 겪고 있는 재영 씨에게는 **남편과 함께 시소에 서서 대화하는 시간**을 마련해 주었습니다.

"남편과 결혼해서 전업주부로 지내는 것이 억울하고, 또 불리한 인생을 사는 것 같아서 이 결혼이 잘못되었다고 생각했다. 내가 열등감과 무기력함을 느끼는 건 모두 남편을 위해 희생하였기 때문이다. 남편에 위축될 때마다 실패한 것 같아서 절망감이 크다. 그렇지만 시소 위에서 남편과 대화하듯 글을 적다 보니, 우리 둘 모두 긍정적인 결과를 원하고, 서로가 한 팀이라는 생각이 들었다. 16년을 살아 본 지금, 시간  차이만 있을 뿐 각자 인생에서 오르막과 내리막을 만나는데, 지금 내가 내리막의 시기인가 보다. 서로 각자가 아닌 함께하는 데 의미를 두고 감사하며 살고 싶다. 남편도 나의 마음과 같고 나를 이해해 주면 좋겠다."

생각해 볼까요

재영 씨는 자신과 주위 환경에 부정적이며, 불안함과 무기력함 때문에 항상 남편과 갈등이 생깁니다. 그래서 시소에서 대화하듯 남편에게 말을 건넸습니다. "당신 후회할거야.", "내 인생은 없어.", "거 봐, 내 말 듣지.", "누구네 뭐 했대." 등 무심코 던진 말들을 써놓으니 자신이 심했다는 생각이 들었습니다. 남편은 "이미 후회해.", "나도 힘들어.", "그러게, 이제부터는……." 등의 방어적인 대답을 합니다.

재영 씨는 자신의 말들을 하나씩 수정하면서 남편의 긍정적인 모습을 생각해 보았습니다. "우리 것에 감사하자.", "나랑 결혼해 줘서 고마워."처럼 서로를 적대시하기보다 같은 목표를 향해 나아가는 팀으로 여긴다면 서로 의지가 되고 큰 힘이 될 것입니다.

30대 중반~40대 여성
시어머니 앞에 서면 작아지는 나의 모습

> 결혼 후 시어머니와의 갈등은 누구에게나 피할 수 없는 문제인가 봅니다. 주민 (가명, 37세) 씨도 몇 년 간 시어머니의 문제로 힘들어하는데, **'시어머니와의 관계'에 대한 주제로 자유롭게 표현하는 작업**을 진행하였습니다.

"나의 시어머니는 아들에 대한 애정이 지극한 분이다. 그래서 나만 보면 늘 아들 자랑을 늘어놓으시는데, 나의 장점은 깎아 내리고 단점은 더욱 부각시키는 말씀을 자주 하신다. 이제는 어머니만 뵈면 겁난다. "밥은 차려 줬나?" 라고 물으시며 사사건건 아들 챙기는 질문만 하시고 나에 대해서는 관심이 없으시다. 게다가 다른 며느리들과 비교하며 야단까지 치신다.

나는 다른 사람들에게는 인정받는데, 시댁에 오면 나의 존재가 없어지는 것 같아 참 슬프다. 이 문제를 해결하고 마음의 안정을 찾고 싶다."

🌸 생각해 볼까요

주민 씨는 큰 존재로 느껴지는 시어머니를 도화지 오른쪽에 크게 그려 넣었습니다. 시어머니의 표정에서는 며느리에 대한 다정한 마음을 느끼기 힘들며, 파란색 옷은 시어머니의 차가운 마음을 표현한 듯합니다. 반면, 시어머니 앞에 있는 주민 씨는 머리를 감싸고 두 귀를 막은 채 괴로워하고 있습니다. 힘겨워하면서 소리를 지르는 사진과 파란색 눈물을 흘리는 주민 씨는 불안하고 나약하며 초라해 보입니다.

고부 갈등으로 인한 스트레스를 그림으로 표현한 뒤 주민 씨는 마음을 가다듬을 수 있었습니다. 그리고 부모와 자녀 사이에 느낄 만한 감정을 다시 생각하였습니다. 주민 씨가 자녀에게 느끼는 감정을 시어머니에 이입한다면 다른 각도로 문제가 보이기 때문입니다. 또한 평소에 스트레스를 해소하고, 시어머니와 대화를 하면서 칭찬해 드리고 거리를 좁힐 방법을 찾길 권합니다.

# 30대 중반~40대 여성
나는 아들의 아류 요리사

하얀(가명, 40세) 씨는 직장 생활 때문에 아들의 양육을 시어머니에게 부탁한 적이 있습니다. 그때 당시 아들을 잘 챙겨 주지 못해서 지금도 죄책감을 느끼고 있습니다. 하얀 씨는 '**아들에 대해 느끼는 감정**'을 주제로 자유롭게 표현해 보았습니다.

"나의 고민은 아들의 건강이다. 아들이 요즘 자주 아프기 때문이다. 직장 생활을 하느라 시어머니에게 아들을 맡겨 두었던 것이 엄마로서 무책임한 것 같아 죄책감을 느낀다.
지금이라도 지난 시간을 바꿀 수 있는 기회라고 생각한다. 그래서 난 주말마다 요리에 매달린다. 아들이 좋아하는 음식의 모양을 본 뜬 나의 아류작 요리인 두부햄버거와 밥까스를 열심히 만든다.
아들은 내가 한 요리를 잘 먹는다. 그리고 조금씩 아들의 건강이 좋아지고 있다. 좋은 엄마의 자격이 회복되는 것 같다. 지금은 아들이 건강하게 잘 성장하길 바랄 뿐이다."

생각해 볼까요

직장 생활을 하면서 동시에 집안 살림까지 챙겨야 하는 워킹맘들은 자녀가 비만이나 영양 불균형 혹은 영양 결핍 때문에 건강에 문제가 있을 것이라고 생각합니다. 심지어 아이의 키가 크지 않거나 감기에 걸리는 것까지도 엄마의 책임이라고 생각합니다.

자녀의 영양 상태를 생각해서 식단을 균형 있게 챙기는 것은 물론 중요합니다. 하지만 함께하는 시간이 적은 만큼 식사 시간을 활용해서 자녀와 알차게 지내는 지혜도 필요합니다. 요리하는 시간에 아이들과 이야기를 나누며 일상을 챙기고, 함께 식사를 준비하고 밥을 먹으면서 사랑을 전하는 과정이 무엇보다 중요합니다.

30대 중반~40대 여성
긍정적인 나의 삶이에요

> 희숙(가명, 45세) 씨는 항상 가족을 위해서 헌신합니다. 공부하기 바쁜 아이들과 사업하는 남편을 돌보는 데 하루가 금방 지나갑니다. 자신을 돌볼 시간 없이 앞만 보고 달려온 희숙 씨에게 **'젊은 시절 기억이나 추억'**에 대해서 그림 그리기를 제안하였습니다.

"고등학교에 재학 중일 때 집에서 아버지로부터 서예를 배웠다. 엄격한 아버지의 지도 아래, 바른 자세와 곧은 마음을 가지면서 서예를 배워야 했다. 물론 내가 원해서 배우기를 시작했지만, 항상 바른 자세와 정확한 서예법을 지켜야 해서 어려움을 느꼈다. 어릴 때를 생각하니 서예를 배웠던 기억이 가장 먼저 떠올랐다. 오늘 그림을 그리면서 서예할 때의 정확하고 바른 자세뿐만 아니라 심리적인 것까지 표현하려고 했다. 배움을 향해 가는 건 힘들고 어렵기도 하지만, 그 시간은 참으로 소중하게 느껴진다."

생각해 볼까요

어른이 되어서 과거를 돌아보는 작업은 본인의 성장을 확인하는 좋은 방법입니다. 희숙 씨는 어린 시절 아버지로부터 배운 서예를 떠올렸는데, 배울 때 어려움이 많았지만 지금은 많은 것을 배운 소중한 시간이라고 느낍니다.

바른 자세의 필요성과 배움의 진정한 의미를 깨달은 지금의 희숙 씨는 서예를 하던 고등학생 시절보다 한층 더 성장하였습니다. 가족을 위해서 헌신하는 희숙 씨가 미술치료 활동을 통해서 조금씩 자신을 탐색하는 시간을 갖는다면, 성숙한 자아로 살아가는 현재를 더 즐겁고 여유 있게 꾸려 갈 것입니다.

30대 중반~40대 여성
나비가 되고 싶어요

> 끝나지 않는 집안일 속에서 혼자만의 시간을 갖기가 쉽지 않습니다. 미진(가명, 48세) 씨는 아이들이 어느 정도 크면 여유가 생길 줄 알았는데 예전보다 더 바쁘다고 이야기합니다. **스크래치 기법을 통해서 '지금의 생활'을 자유롭게 표현**해 보기로 하였습니다.

"먹물과 크레파스를 이용해서 바탕을 만들고 그 위에 날카로운 것으로 긁어내어 나비를 표현했다. 나는 아름다운 나비가 되어 자유롭게 여기저기 날아다니면서 다른 나비들과 예쁜 꽃들과 이야기 나누고 있다. 꽃들에게 찾아가 휴식을 취하고 싶다고 소곤거렸다.
나의 그림에는 지금의 일상에서 잠시 벗어나서 편하게 쉬고 싶은 간절한 소망이 잘 드러나 있다."

 **생각해 볼까요**

아이들이 초등학교에 들어가면 바쁜 일상이 조금 나아질 것 같습니다. 아이들이 대학에 진학하면 한숨 돌릴 수 있을 듯합니다. 대부분의 엄마들은 아이들이 자라고 나면 취미 생활을 즐길 여유가 생길 거라고 기대하지만, 막상 신경 써야 할 일들이 점점 많아져 갑니다.

미진 씨의 아이들은 대학생이 되었고, 미진 씨에게는 이제 곧 완경기가 다가오므로 새롭게 삶을 준비해야 합니다. 휴식과 자유를 갈망하는 마음이 나비로 표현된 그녀의 작품에서 잠시 일상을 돌아보고 속도를 조절할 필요가 느껴집니다. 막연한 미래를 기대하며 현재를 버텨 나가기보다 지금 상황에서 변화할 수 있는 부분을 찾고 개선하려는 노력이 필요합니다. 그래야 아이들이 자기 삶을 찾아가고, 몸과 마음이 변하는 완경기가 오더라도 쉽게 허무함을 느끼지 않으면서 잘 살아갈 수 있기 때문입니다.

50~60대 이후 여성

여성이 중년기에 들어서면 자녀가 성장하여 각자의 삶을 찾아가고, 일로 바빴던 남편과 은퇴 후의 삶을 꾸려 갑니다. 그리고 '완경기 혹은 갱년기'라는 몸의 변화를 통해 노화 현상을 실감하고 대다수가 심리적인 상실감을 경험합니다. 50~60대 이후 여성에게는 '빈 둥지 증후군'이 가장 많이 생기고, 우울증도 많이 옵니다.

이 시기를 '인생의 이모작'이 시작되는 시기라 생각하고 지혜롭게 살아가야 합니다. 자녀나 남편의 뒷바라지를 하던 의무에서 벗어나 자신을 위해서 온전하게 시간을 쓰고, 자유롭게 활동할 수 있습니다. 미술치료 활동으로 인생을 새롭게 바라보고 중년의 변화를 받아들여 보세요. 그동안 쌓인 지혜와 현명함이 더해지면서 삶은 더욱 충만해지고, 여유로운 하루하루를 살 수 있을 것입니다.

50~60대 이후 여성
중년기의 시작,
자연의 아름다움과 질서를 느껴요

이제 막 중년기에 접어든 정은(가명, 51세) 씨는 자녀들이 모두 성장하여 혼자 지내는 시간이 늘었습니다. 요즘 들어 자신에 대해 생각할 여유가 많다고 하는 정은 씨에게 **'자신'을 주제로 하는 꽃잎 만다라 작업**을 제안하였습니다.

"여러 꽃잎을 이용해서 아름다움과 질서를 나타냈다. 꽃잎을 하나하나를 떼어 내어 질서 있게 무늬를 만들어 보았다. 규칙적으로 표현한 무늬에서 자연의 아름다움이 느껴지고, 이런 규칙적인 모습이 자연의 질서를 함축하는 듯하다. 태어나면서 지금까지 내 몸에 있었던 변화들은 봄, 여름, 가을, 겨울, 그리고 낮과 밤의 순환처럼 시간에 따라 달라지는 자연의 이치라고 여겨진다."

생각해 볼까요

자연물을 이용한 소재는 50~60대 이후 여성에게 친근합니다. 중년기를 맞이한 대다수가 유년 시절을 자연과 함께 지냈기 때문입니다. 자연물 소재를 활용해서 작업하면 우리의 일생을 자연의 흐름과 연관시킬 수 있어서 좋습니다.

정은 씨는 사계절과도 같은 여성의 몸 변화를 자연의 순리로 연결시켰습니다. 중년기에 접어들면서 삶의 순리에 관심을 기울이는 모습이 꽃잎 만다라에 잘 나타나 있습니다. 정은 씨가 말했듯이 자연에는 고유한 흐름이 있습니다. 사람도 마찬가지입니다. 시간의 흐름에 따라 계절이 순환하고 자연도 변하듯, 우리도 조금씩 변해갑니다. 이러한 질서를 이해하고 받아들이면, 중년기에는 더욱 값진 삶을 살 수 있을 것입니다.

50~60대 이후 여성
행복해지고 싶어요

완경기를 맞이한 종숙(가명, 54세) 씨는 '여자로서의 젊음과 매력을 잃었다.'라는 생각에 상실감이 큽니다. 이 시기에는 감정의 기복이 심해지고, 사춘기를 맞이한 듯 의기소침해지며 우울감에 젖습니다. 종숙 씨에게는 **'완경기를 맞이한 자신의 감정'**에 대해 **그림 그리기**를 제안하였습니다.

"나는 이제 완경기에 들어섰다. 완경이라는 사실이 부끄러워서 아직 남편에게 말하지 않았다. 남편은 회사 일로 늘 바쁘고, 아이들은 공부로 바쁘다. 바쁜 남편과 아이들에 비해 혼자서 집에 있는 시간이 많은 나는 가족 안에서도 종종 소외감을 느낀다.
이제 난 더 이상 젊지 않고, 출산 능력도 없어서 여성으로서의 매력이 없다는 생각이 든다."

생각해 볼까요

종숙 씨의 그림을 보니 완경기 우울함이 느껴집니다. 얼핏 보면 그림의 밝은 색채가 아름답게 느껴지지만, 물가의 다리에서 나무 사이로 난 길을 가려면 가로로 놓인 무지갯빛 공간을 지나가야 합니다. 마음속으로는 행복을 열망하지만 정작 행복이 멀리 떨어져 있음을 말해 줍니다.
완경기가 찾아왔다고 해서 심신이 무너져서는 안 됩니다. 완경기를 오랜 시간 얽매여 왔던 자녀 양육과 남편 뒷바라지에서 자유로워지는 시기라고 바꾸어 생각해 보세요. 완경기는 여성의 생명이 끝나는 게 아니라, 더욱 성숙한 여성으로 거듭나는 과정입니다. 지금 종숙 씨에게는 완경을 자연스럽게 받아들이는 자세와 성숙하고 여유로운 중년기를 보내려는 마음을 다지는 작업이 가장 필요합니다.

50~60대 이후 여성
사랑하는 나의 손자

자신의 자녀가 결혼한 다음 아이를 낳았을 때의 기분은 어떨까요? 희자(가명, 58세) 씨의 딸은 얼마 전 아들을 낳았습니다. **'자신에게 가장 소중한 것'**을 주제 삼아 **활동**하려고 할 때, 희자 씨는 곧바로 손자를 떠올렸습니다.

"사랑하는 나의 딸이 얼마 전에 아들을 낳았다. 새록새록 잠든 사랑스러운 손자의 모습을 보면, 딸에 대한 대견함과 내가 아이를 낳았던 때의 기억이 모두 떠오른다. 이 모든 생각이 어우러져 행복감에 젖기도 하고, 예전의 내 모습을 회상하면서 다양한 감정을 느낀다.
내게 가장 소중한 것을 떠올리니 손자가 생각난다. 손자가 건강하고 밝게 자라길 기원하는 마음으로 열심히 만들었다. 손자의 모습이 예쁘게 완성되어 기분이 참 좋다."

생각해 볼까요

동글동글 귀여운 아기가 만들어졌네요. 희자 씨는 만드는 내내 행복한 표정을 지으며 손자 모습의 작품을 정성스럽게 다듬었습니다. 서툰 솜씨이긴 하지만 손자의 예쁜 모습을 담으려는 할머니의 노력이 엿보입니다.

희자 씨는 손자를 떠올리면서 작업했지만, 사실 이 작품 속에는 희자 씨가 딸을 낳았을 때의 감정도 함께 포함되었을 것입니다. 손자를 정성스럽게 점토로 만들면서 딸에 대한 사랑과 걱정, 아이를 건강하게 출산한 대견함까지 함께 떠올렸습니다. 이렇게 자신에게 소중한 것을 떠올리고 직접 만들어 보는 미술치료 활동은 현재뿐만 아니라 과거의 경험까지 새롭게 돌아보는 좋은 계기가 됩니다.

50~60대 이후 여성
전원생활을 꿈꾸는 나의 미래예요

> 교직에 몸을 담고 있는 현숙(가명, 60세) 씨는 퇴직을 하면 정신없이 지냈던 이전과는 달리 여유 있게 생활하길 원합니다. 최근에는 일을 하면서 더 쉽게 지치고 피곤해서 자신의 몸이 예전과 많이 다르다는 걸 느낍니다. 현숙 씨와는 **'건강'을 주제로 하여 명화 이어 그리기**의 시간을 가졌습니다.

"건강에 대해 생각하니 평소 좋아하던 장욱진의 〈나무와 새,〉라는 작품이 떠올랐다. 소박하고 편안한 느낌을 주는 이 그림 속에서 나의 건강과 노년을 생각하였다.

나의 노년은 평화로웠으면 한다. 바쁘게 앞만 보며 달려온 젊은 시절과는 다르게 한적하면서도 마음이 풍요로운 전원생활을 꿈꾼다. 공기가 맑고 새소리가 들리는 산에서 맑은 물속을 헤엄치는 물고기들을 바라보며 자연을 벗 삼아 살고 싶다. 과거에 대한 후회나 미래에 대한 걱정 없이 현재를 즐기면서 둥글고 아름답게 노년을 장식하면 좋겠다. 소망대로 산다면 행복과 건강이 자연스레 찾아올 것이고, 온 세상과 조화를 이루며 더불어 살 수 있을 것이다."

🌿 생각해 볼까요

깨끗한 자연에서 여유로운 노년을 희망하는 현숙 씨의 말처럼 그림에서도 즐거운 분위기가 느껴집니다. 그림 전체적으로 밝은 색채가 돋보입니다. 노랗고 귀여운 새가 노래하고 모두가 오순도순 모여 사는 전원생활이 한눈에 들어옵니다. 현숙 씨의 풍요로운 그림 속에서 노년을 보낸다면, 몸과 마음이 모두 건강해질 것입니다.

마음이 편안하면 몸은 좋아지고, 몸이 건강하면 마음은 즐겁고 평안합니다. 이것이 심신의학입니다. 주변의 환경이 어떠하든지 나의 몸과 마음을 지키고 다스리는 것이 중요합니다. 평소에 즐거운 일과 좋은 장면, 행복한 상황을 떠올리면서 사는 습관을 가지면 좋습니다.

50~60대 이후 여성
자유로운 내일을 기대해요

여성은 나이가 들면서 점점 자신의 여성성이 사라진다는 막연한 두려움과 상실감을 느낍니다. 병희(가명, 62세) 씨도 여자가 아니라는 생각 때문에 심리적인 어려움을 겪고 있습니다. **'완경기의 나'를 주제로 그리기 활동**을 제안하였습니다.

"완경 때문에 상실감을 겪었지만 여성 단체에서 실시한 완경 교육에 참석하면서 지혜롭게 극복하는 방법을 배웠다. 가족에게 완경 사실을 알리면서 지금 느끼는 두려움과 상실감을 함께 채워 주었으면 하는 마음을 말하니 남편과 아이들이 나를 배려해 주기 시작했다.
나는 여성으로서 끝난 게 아니라 진정으로 자유로운 여성이 된 거다. 이제부터는 그동안 나의 몸과 마음을 헌신했던 가족의 도움을 받아서 내가 원하는 인생을 살아갈 것이다."

생각해 볼까요

병희 씨는 그림에 다양한 색채를 힘 있게 사용하였습니다. 그림 위쪽을 향해 쭉 뻗어 있는 계단처럼 완경기 이후의 상실감을 병희 씨가 원하는 활동으로 바쁘게 채우고 있습니다. 색상 선택과 면 분할을 볼 때 희망적인 메시지가 느껴집니다.

이제 평균 수명 100세의 시대가 다가오고 있습니다. 병희 씨의 나이도 60대가 되면서 인생의 하반기에 들어선 셈입니다. 중년 이후의 긴 시간을 새로운 황금기로 보내려면 삶의 여유를 찾으려는 마음가짐이 필요합니다. 더불어 가족의 지원을 요청하면서 어떻게 살아갈지에 대한 나름의 계획과 준비를 해야 합니다.

50~60대 이후 여성

남편을 잃고, 내가 가야 할 길이에요

긴 시간을 함께한 배우자를 잃으면 마음의 고독감은 더없이 커집니다. 영옥(가명, 65세) 씨는 얼마 전 남편을 잃었습니다. 영옥 씨는 **'남편이 세상을 떠난 후 느끼는 자기 삶에 대한 마음'**을 그림으로 그리기를 진행하였습니다.

"그가 내 곁을 떠났다. 이제 나는 혼자다. 사랑하는 남편의 죽음이 이렇게 나를 혼란스럽게 할 줄은 몰랐다. 마음을 추스르고 다시 일어서려 하지만, 내 마음이 어둡고, 우울한 건 어쩔 수 없나 보다.
좀 더 안정된 나를 꿈꾼다. 시간이 걸리더라도 나의 삶을 찾고, 다시 걸어가고 싶다."

생각해 볼까요

영옥 씨의 그림에는 나무들이 파란색과 검은색으로 차갑고 어둡게 표현되어 있습니다. 영혼이 꺼져가는 내면을 그대로 나타내는 것처럼 그림은 흐릿하고, 영상은 좌우로 흔들리는 느낌이 납니다. 그림 오른쪽 가장자리에서 영옥 씨가 길을 걷고 있네요. 영옥 씨가 걷는 길은 그림 전체의 분위기에 비해 밝게 채색되어서 작게나마 희망이 느껴집니다.

인생의 중요한 시간을 함께한 배우자의 상실은 남은 배우자에게 큰 두려움과 고독감을 주며, 가장 큰 스트레스를 동반합니다. 하지만 이 감정을 받아들이고 직면하는 것이 중요합니다. 배우자와의 이별을 인정하는 가운데 일정 시간은 혼자 조용히 지내더라도 점차 일상생활로 복귀하면서 주변인들과 어울려야 합니다. 종교 생활을 하면서 마음을 다스리는 것도 좋은 방법입니다.

50~60대 이후 여성
나의 모습을 그려요

60대 중반 이후의 여성들은 심리적으로 많이 위축되어 있습니다. 외모도 예전 같지 않고, 마음의 변화에도 민감합니다. 지순(가명, 66세) 씨도 비슷한 고민을 안고 있습니다. 지순 씨와는 **거울을 바라보며 자화상을 그리는 시간**을 가져 보았습니다.

"파스텔을 이용해서 자화상을 그렸다. 처음에는 어떻게 그려야 할지 몰라서 낯선 내가 나를 보고 있는 듯한 거울만 한참 쳐다보았다. 그림이 생각처럼 잘 그려지지 않았지만, 내 모습을 가만히 들여다보면서 많은 생각을 하게 되었다.
거울은 매일 보지만, 이렇게 오랫동안 바라본 적은 없었다. 지금의 나를 그리면서 예전의 내 모습을 생각하고, 흘러간 삶도 돌아볼 수 있었다."

생각해 볼까요

자화상 그리기를 통해 좀처럼 볼 수 없는 옆모습을 그리면서 자신을 되돌아보는 시간을 갖습니다. 지순 씨는 자화상을 완성하는 과정에서 다소 주저하는 모습을 보였지만, 그림에 대해 지속적으로 지지해 주자 자신감을 갖고 완성하였습니다. 완성된 그림을 보면서 높은 성취감과 만족감을 보였습니다.

지순 씨는 세월에 따라 변해버린 자기 모습이 어색하고 싫어서 평소에 거울을 잠깐씩만 보았다고 합니다. 자화상 그리기 활동을 하면 그림을 위해서라도 오랜 시간 거울을 보는데, 거울에 비친 모습을 통해서 자신을 새롭게 바라볼 수 있습니다. 또한 인생을 돌아보는 시간도 가지면서 자신을 응원하고 사랑하는 방법도 배워 갑니다.

칼럼 맘마미아! | 영화 속의 여성 |

〈맘마미아!〉
2008 | 필리다 로이드 감독

〈맘마미아!〉 이야기

그리스 지중해 외딴 섬의 모텔 주인인 도나에게는 소피라는 예쁜 딸이 있습니다. 도나의 보살핌 아래 홀로 성장해 온 소피는 약혼자 스카이와의 결혼을 앞두고 있습니다. 소피는 결혼하기 전에 아빠를 찾고 싶어 했는데, 때마침 엄마가 처녀 시절 쓴 일기장을 몰래 훔쳐보며 세 명의 아빠 후보를 찾아 냅니다. 소피는 이 세 남자 샘과 빌, 해리에게 엄마 도나의 이름으로 결혼식 초청장을 보냅니다. 엄마의 옛 연인들이 한꺼번에 결혼식에 오면서 섬은 왁자지껄해집니다.

도나는 세 남자를 보고 크게 놀라 안절부절 못합니다. 샘과 빌, 해리는 도나와의 각기 다른 옛일을 회상하며 감상에 젖습니다. 도나는 샘이 아직도 자신을 사랑하고 있다는 사실을 알게 됩니다. 그리고 샘은 도나에게 다시 마음을 열어 달라고 애원하지만, 그녀는 혼란스러워하며 샘의 사랑을 거부합니다.

소피는 결혼식을 준비하고 진짜 아빠를 찾으려고 노력하면서 누구인지 모르는 아빠를 찾기보다 자기 자신을 찾아가고, 자신을 사랑하는 사람들이 더 중요하다는 사실을 깨닫습니다. 소피는 자신에 대해서 좀 더 알아보는 시간을 갖고 싶어서 당장은 결혼하지 않기로 합니다. 주인을 잃어버린 결혼식은 하객들의 권고 끝에 도나와 샘에게 돌아갑니다. 도나와 샘의 행복한 결혼식이 끝난 다음 소피는 더 넓은 세상에서 자신의 꿈을 펼칠 것을 노래하며 스카이와 여행을 떠납니다.

〈맘마미아!〉가 주는 메시지

도나는 사랑의 결과인 소피를 홀로 키우며 씩씩하게 살고 있었습니다. 갑자기 등장하는 세 남자가 보여 주는 행동과는 다르게 아주 책임감 있게 아이를 키운 것입니다. 소피는 자신의 아빠일 수 있는 엄마의 옛 애인들을 초대하고, 아빠 찾기를 통해 자기 인생의 의미를 새롭게 발견합니다. 아빠를 찾거나 엄마 곁을 떠나지 않는 것보다 행복한 인생을 위해 자신의 길을 선택하는 것이 더 현명하다는 사실을 알게 됩니다.

〈맘마미아!〉는 닫힌 공간인 섬에 사람들이 들어오는 것으로 시작해서 더 넓은 세상을 만끽하기 위해 소피가 섬을 떠나는 장면으로 끝이 납니다. 자신의 틀에서 벗어나 성인이 되어 가는 소피의 용기 있고 자신 있는 성장 과정을 잘 그려 내고 있습니다.

〈맘마미아!〉에서 본 여성

과거의 여성과 현재의 여성은 다릅니다. 현대를 살아가는 여성은 남성과 동등한 교육의 기회를 가지며, 평등한 존재로 살아가고 있습니다. 이제는 결혼을 해서도 남편에게 전적으로 의지하지 않아도 스스로의 길을 개척할 수 있고, 스스로의 행복을 만들어 낼 수 있습니다.

영화에서처럼 남편이나 결혼을 약속한 남성은 여성의 행복에 있어서 절대적인 요소가 아닙니다. 여성은 주체적으로 자신의 삶을 어떻게 살지, 어떻게 하면 행복할지를 생각하고 선택할 수 있습니다. 그리고 그 선택에 책임지면서 행복하게 살아가려고 노력할 수 있습니다. 홀로 씩씩하게 딸을 키우며 자신의 인생을 꾸려 간 용기 있는 도나와 아빠나 약혼자에 의존하기보다 자신이 인생의 주인이 되는 소피에서도 이러한 변화의 면모를 확인할 수 있습니다.

누군가에 의해서 누구 때문에 살아가는 것이 아니라 자신을 위해서, 늘 자기 삶에 당당할 수 있어야 합니다. 그 여정에서 미술치료 활동으로 내면의 소리에 귀를 기울이고 진정한 자신을 알아 가길 바랍니다.

여성으로서 겪을 수 있는 다양한 신체 질환과
마음 질환은 무엇인지 알아보며,
원인을 찾고 예방법과 해결 방법을 안내합니다.

4장

선생님이 들려주는 미술치료 이야기

여성으로 살아가면서 사회에서 많은 일을 경험하고, 출산 및 양육의 과정을 거치면서 신체에도 많은 변화가 나타납니다. 여성으로서 겪을 수 있는 다양한 신체 질환과 마음 질환은 무엇인지 알아보며, 원인을 찾고 예방법과 해결 방법을 안내합니다. 더불어 신체 질환과 마음 질환이 있을 때는 어떤 미술치료를 하는지 다양한 임상 경험을 바탕으로 한 치료 방법을 소개합니다.

여성의 신체 질환과 미술치료 • 100
여성의 마음 질환과 미술치료 • 114
[칼럼] 김선현 선생님과 미술치료 • 122

4장 선생님이 들려주는 미술치료 이야기

여성의 신체 질환과 미술치료

여성이 알아야 할 신체 질환

여성의 사회 활동은 점차 늘어나고 있지만, 건강 관리에 소홀한 탓에 다양한 여성 질환이 많이 생깁니다. 여성은 탈모증과 만성 스트레스, 화병 등의 질환에 주의해야 하며, 또 생명을 잉태하는 소중한 장기인 자궁이 있는 만큼 몸의 변화에도 세심한 관심을 기울여야 합니다.

성장기 여성은 생리통을 그냥 지나치면 안 됩니다. 생리통이 심하면 자궁 기형일 수 있는데, 그대로 방치하여 성인이 된다면 자궁 내막 질환이나 불임으로 이어질 수 있습니다. 또한 산모의 건강은 태아나 신생아에게 영향을 주기 때문에 가임기 여성은 산부인과에서 정기 검진을 받아야 합니다. 35세 이후의 여성은 자궁 경부암, 난소암 등 여성 암 검사도 꾸준히 받아야 합니다.

갱년기는 난소 기능이 소실되면서 완경을 맞는 시기로, 갱년기 증후군과 골다공증 등 호르몬의 변화로 인한 신체적·정신적 질환을 겪을 수 있습니다. 마지막으로 노년기의 여성은 요실금이나 골반 장기 탈출증을 조심해야 합니다.

여성 신체 질환에 도움을 주는 미술치료

미술치료 클리닉에 오는 사람 중 신체 질환을 앓는 여성은 불안함이나 우울한 감정을 많이 느낍니다. 유방암 수술이나 탈모증, 요실금, 산후 비만 등의 질환이 생기면서 자존감이 많이 낮아져서 소극적인 모습으로 생활하거나 우울함을 많이 보입니다. 다양한 신체 질환에서 오는 아픔과 고통 때문에 많은 여성이 만성적 스트레스를 경험합니다. 평소 의욕이 없고 사소한 것에도 화를 내며, 삶을 부정적으로 보게 만드는 스트레스 때문에 가족과의 갈등이 심해지기도 합니다.

미술치료는 신체 질환을 앓는 여성을 심리적으로 돕는 데 초점을 맞춥니다. 질환으로 인한 스트레스와 고통을 해소하여 심리적 안정감을 되찾고, 가족이 미술치료에 동참하여 아내와 엄마의 고통을 이해하고 배려하도록 돕습니다. 또한 치료 중인 여성의 자존감을 향상시켜 긍정적인 에너지를 주고, 신체 질환을 잘 극복할 수 있다는 자신감을 심어 줍니다.

여성의 신체 질환과 미술치료
01 여성 탈모증

여성 탈모증 사례(34세)

일과 육아 사이에서 스트레스가 심한 여성의 그림입니다. 몇 달 전부터 머리카락이 빠지기 시작하면서, 처음에는 탈모 부위가 동전 정도 크기였는데 점점 커지고 있어 걱정이라고 이야기하였습니다. 일과 육아를 병행하는 데서 오는 스트레스 때문에 탈모가 생겼는데, 이제는 오히려 탈모가 스트레스의 주원인이 되어 상황이 더 안 좋아졌습니다.

그림에는 지금 상황에서 벗어나 원래 자신의 풍성하고 긴 머리를 갖고 싶은 소망을 표현하였습니다. 차근차근 미술치료를 진행해서 스트레스를 발산하고 심리적인 안정을 얻는다면, 탈모의 가장 큰 악화 요인을 제거할 수 있습니다. 미술치료와 함께 탈모에 도움이 되는 치료를 병행한다면 치료가 더욱 효과적으로 이루어질 것입니다.

여성 탈모증이란?

여성 탈모증은 방치하면 대머리가 될 수 있지만, 조기에 적극적으로 치료하면 머리카락 수를 늘리거나 최소한 유지할 수 있습니다. 탈모의 원인으로는 신체적 스트레스(수술, 심한 질병), 정신적인 충격 같은 심리적 스트레스, 빈혈, 갑상선 질환, 약물의 부작용, 호르몬의 변화, 무리한 다이어트, 화공 약품이 주성분인 모발 용품의 잦은 사용 등이 있으며, 이 중에서 스트레스가 많은 부분을 차지합니다. 탈모의 원인에는 정확하게 밝혀지지 않은 부분이 많아서 입증되지 않은 치료제에 의존하기보다는 전문의에게 진료를 받고, 필요하면 탈모를 일으키는 신체 질환에 대해 검사하는 것이 중요합니다.

여성 탈모증의 치료 방법에는 '약물치료'와 후두부 두피 모낭을 옮겨 심는 '자기 모발 이식 수술'이 있습니다. 약물치료에는 항안드로겐 약제, 미녹시딜 국도 도포제, 기타 미네랄 보충제 등을 사용합니다.

평소 두피에 과도한 자극을 주지 않으려면 머리카락을 심하게 당기는 핀이나 밴드의 사용을 줄이고, 스프레이나 무스, 젤은 되도록 사용하지 않고, 사용한다면 두피에 직접 닿지 않게 합니다. 또한 두피나 모발에 손상을 줄 수 있는 파마나 염색을 피합니다. 술과 담배는 금하고, 스트레스를 받지 않게 관리하면서 규칙적으로 생활하고, 적절한 운동을 합니다. 강한 자외선은 모발에 손상을 줄 수 있으므로 두피를 햇볕에 과도하게 노출하지 않게 합니다.

여성의 신체 질환과 미술치료
02 주부습진

🌿 주부습진 사례(36세)

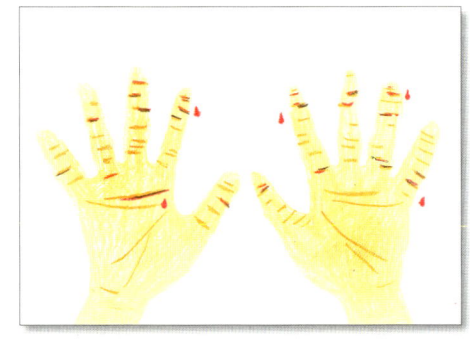

남자 아이만 두 명을 둔 여성의 그림입니다. 집에는 자신 이외에 여성이 없고, 가족의 도움 없이 집안일 대부분을 도맡아서 한다고 말합니다. 두 아들이 운동을 좋아하기 때문에 빨래가 계속 생기고, 손에는 물이 마를 날이 없다고 합니다.

자신의 손을 그림으로 그리면서 손에 난 상처를 하나하나 표현하였습니다. 하지만 상처가 갈라진 그림으로는 부족했는지 손가락과 손바닥 상처에 피가 나는 것처럼 빨간색으로 강조하였습니다. 지금의 힘든 상황이 그림에 표현된 것입니다. 주부습진을 앓는 여성의 가족이 미술치료에 함께 참여하거나, 자신의 그림을 보여 주면서 이야기한다면, 잘 알지 못했던 아내와 엄마의 어려움을 이해하게 됩니다. 가족 구성원이 서로를 배려한다면 여성은 심리적으로 빠르게 안정되고, 증상도 적극적으로 해결할 수 있습니다.

주부습진이란?

주부습진은 접촉성 피부염의 대표적인 질환으로 집안일을 많이 하는 가정주부에게 주로 생겨서 '주부습진'이라고 합니다. 이 질환은 물이나 세제에 장기간 접촉할 때 생기는데, 특히 젊은 주부들이 미혼일 때와는 달리 결혼 후 부엌일과 빨래 등 갑자기 물일을 많이 하면서 손에 여러 가지 증상이 나타납니다. 뿐만 아니라 약품을 만지는 의료인이나 물일을 하는 주방장과 청소부에게도 발생하며, 지점토나 꽃꽂이 등의 취미 생활을 할 때도 주부습진이 생깁니다. 특히 손을 자주 씻는 습관이 있거나 어릴 때 태열을 앓은 사람, 아토피성 피부염 병력이 있는 사람에게 잘 나타납니다.

주부습진의 증상은 보통 손가락 끝에서 시작합니다. 처음에는 피부가 건조해지고 비듬이 일면서 염증이 생기며, 붉은 반점도 나타납니다. 특히 양손에 발생하는 경우가 많은데, 주부습진이 있으면 손이 뻣뻣하게 느껴지고, 가려움증이 심하며, 아프고 쪼여서 더 이상 일을 할 수 없는 지경에 이릅니다. 또한 물일과 흙일을 하거나, 비누 세제와 고무장갑을 사용할 때, 정신적인 스트레스를 받을 때는 증상이 악화됩니다.

주부습진은 초기에 항소염제가 섞인 국소 스테로이드 크림이나 연고제를 바르면 증상이 호전됩니다. 증상이 심할 때에는 약을 복용하거나 주사를 맞아서 증상을 빨리 가라앉혀야 합니다. 예방을 위해서는 피부가 물이나 세제에 직접 닿지 않게 하는 것이 중요하며, 고무 제품, 향료, 금속 등에 알레르기가 있는지를 확인해서 사용을 피해야 합니다. 고무장갑을 사용할 때는 습기가 차지 않게 면장갑과 함께 사용하고, 뜨거운 물은 되도록 피해야 하며, 손을 씻은 뒤에는 반드시 피부 보호제를 발라 줍니다.

여성의 신체 질환과 미술치료
03 요실금

요실금 사례(46세)

사람들과 함께 여행하기를 좋아하는 여성의 그림입니다. 요즘 들어 조금만 돌아다녀도 소변을 참지 못해 자주 화장실을 찾고, 소변이 조금씩 흘러나오는 요실금 때문에 속옷을 걱정하게 되었다고 합니다. 또 밖에 나가기가 망설여지고, 만나는 사람들과도 조금씩 연락을 하지 않게 되었습니다.

자신을 화려하게 꾸미는 걸 좋아하지만, 외출 시 항상 속옷을 챙기면서도 걱정하는 표정이 그림에 잘 나타나 있습니다. 요실금은 조기에 치료해야 효과가 높은데, 많은 여성이 자신에게 요실금이 있음을 숨기려다 보니 잘못된 상식으로만 대처하고 혼자서 가슴앓이를 합니다. 요실금은 전문의와 상담을 통해 자신에게 맞는 방법으로 치료해야 합니다. 미술치료는 요실금을 앓는 여성의 우울증을 예방하고, 점점 위축되어 가는 심리를 치료하는 데 도움을 줍니다.

요실금이란?

요실금은 소변을 보려고 하지 않는데 소변이 흘러나와, 개인의 사회생활과 위생에 문제를 일으키는 상태를 말합니다. 요실금은 하나의 증상으로 치료하지 않는다고 해도 생명에 지장을 주지 않습니다. 그렇지만 쾌적한 생활을 방해하고 일상생활에 있어서 신체적 활동을 제약하며, 개인적인 자긍심을 손상시킨다는 점에서 매우 심각한 증상이라고 할 수 있습니다. 요실금은 원인이 다양하고 남녀노소 누구에게나 생길 수 있지만, 특히 중년 이후의 여성과 신경 질환 환자, 노인에게 많이 나타납니다. 주로 45~50세를 전후로 요실금이 증가하는데, 성인 여성의 35~40% 정도에 요실금 증상이 나타납니다.

여성에게는 주로 '복압성 요실금'이 생기는데, 기침이나 재채기, 줄넘기나 무거운 것을 들 때처럼 배에 힘이 가해지는 상황에서 발생합니다. 반복적인 임신과 출산, 완경, 비만, 천식, 자궁 적출술 등이 원인일 수 있습니다. 또 하나는 '절박성 요실금'으로 갑자기 소변이 마려운 느낌이 생기고, 화장실에 가는 도중이나 미처 속옷을 내리기도 전에 소변이 흘러나오는 경우를 말합니다. 치매처럼 소변보는 때와 장소를 구별하지 못하는 '기능성 요실금'도 있습니다.

복압성 요실금 치료에는 골반 근육 운동이나 슬링 수술, 질을 통한 수술이 대표적입니다. 복강경을 이용하거나 요도 주위에 실리콘 등을 주입하는 간단한 수술법도 있습니다. 절박성 요실금은 바이오피드백을 통해 배뇨를 훈련하는 행동 요법과 방광 수축을 억제하여 방광의 압력을 낮추는 약물 요법으로 치료합니다. 또한 방광 수축을 억제하는 전기 자극 치료도 있습니다.

여성의 신체 질환과 미술치료
04 골다공증

골다공증 사례(53세)

최근 완경을 맞은 이 여성은 급격하게 골다공증이 오면서 자신의 몸이 이전과 다르다는 걸 느낍니다. 외부의 충격에 민감해지고, 허리나 관절의 통증에도 이전보다 더 많이 신경 쓰는 상황을 그림으로 표현하였습니다. 자신의 뼈처럼 속이 비어 있는 원들과 그 원의 외부에서 충격을 주는 그림에서 심리적인 긴장감이 느껴집니다.

골다공증은 소리 없이 진행되고, 완경을 한 여성에게 많이 나타나므로 중년 여성이 불안함을 많이 느낍니다. 골다공증을 앓으면 이 그림에서처럼 신체적인 통증과 그에 따른 두려움도 커집니다. 미술치료를 통해 자신의 스트레스를 해소하면서 마음을 가다듬고 긍정적인 에너지도 얻어 간다면, 생활 습관을 활동적으로 개선할 수 있어 치료에 많은 도움을 받을 것입니다.

골다공증이란?

골다공증은 뼈를 형성하는 무기질과 기질의 양이 한계치 이하로 감소해서 골밀도가 떨어진 것으로, 경미한 충격에도 골절이 생길 수 있는 상태를 말합니다. 대부분 골절되지 않는 한 특별한 증상은 없으며, 요통을 호소하기도 합니다. 남녀 모두 사춘기에 최고로 골량이 많으며, 나이 들면서 감소합니다. 골량이 감소하는 현상은 35~40세에 두드러지며, 특히 여성은 완경 이후에 가속화됩니다. 여성의 골밀도가 감소하는 원인은 난소에서 분비되는 여성 호르몬인 에스트로겐과 프로게스테론의 감소에 있습니다.

골다공증의 치료제는 스테로이드성 제제와 비스테로이드성 제제로 나누어집니다. 스테로이드성 제제에는 여성 호르몬 제제, 비타민 D와 그 활성 대사체가 있고, 비스테로이드성 제제에는 칼슘, 비스포스포네이트 제제, 칼시토닌, 불소, 부갑상선 호르몬 등이 있습니다. 이 중에서 여성 호르몬은 골다공증의 1차적인 치료법으로 효과가 가장 우수합니다.

골다공증을 예방하려면 적절한 칼슘 섭취와 운동이 필요합니다. 칼슘은 매일 1000~1500mg 정도 섭취를 권장합니다. 칼슘이 많이 포함된 식품으로는 우유나 유제품, 녹색 채소, 견과류, 새우나 조개 등의 해산물과 콩이 있습니다. 또한 운동을 할 때에는 무거운 것을 드는 체중 부하 운동은 피하고, 걷기와 달리기, 수영, 테니스, 골프 등 가벼운 운동이 좋습니다. 관절염이 있는 여성에게는 수영이 좋은 운동 방법입니다.

여성의 신체 질환과 미술치료
05 월경전 증후군

월경전 증후군 사례(28세)

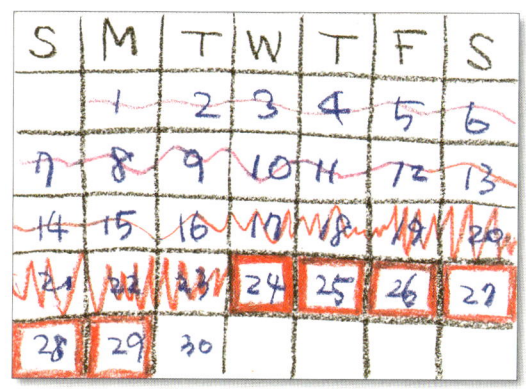

이 그림을 그린 여성은 월경 시작 일주일 전부터 몸의 피로감과 유방 통증 및 복통, 피부의 트러블을 경험한다고 합니다. 도화지에 달력을 그리고, 숫자 위에 선을 그어 월경 시작 전까지 자신의 기분과 상태를 표현하였습니다. 처음에는 안정적인 선으로 시작하다가 월경 시작 전인 일주일 동안은 불규칙한 선으로 표현하여 자신의 상태가 가장 악화되고 있음을 반영하였습니다.

월경 전에 자신의 감정을 발산하는 것은 그동안 억누르고 있던 감정들의 폭발일 수 있습니다. 그러므로 평소에 미술치료나 기타 활동을 통해서 자신의 감정을 적절하게 표출하는 작업이 필요합니다. 또한 월경 전에는 자신의 현재 감정에 대해 바로 알 수 있도록 만다라 그리기를 통해 무의식적인 감정에 집중하는 것도 좋습니다.

월경전 증후군이란?

월경전 증후군은 여성의 월경 주기 전에 나타나는 일련의 증상들이 생활에 불편을 주는 장애를 말합니다. 월경 시작 7~10일 전에 매달 주기적으로 증상이 나타나고, 월경이 시작되면 24시간 이내 증상 소멸되는데 대부분 여성들은 피로감과 유방 통증, 집중력 저하, 초조감, 두통, 복통, 어지러움, 짜증스러움, 부종 등 다양한 증상을 경험합니다. 특히 심리적으로는 슬픔, 우울, 긴장, 불안, 충동성, 공격성, 기분 동요, 신경과민, 외로움뿐 아니라 수면과 기력, 식욕의 증가나 감소, 주의 집중 저하, 기억력 저하 등의 증상을 겪습니다.

월경전 증후군의 원인은 상세하게 밝혀지지 않았지만, 사회 문화적, 생물학적, 심리적 원인과 관련이 있는 것으로 보입니다. 가임기 여성 중 75% 정도가 월경전 증후군을 앓는 것으로 추산되며, 특히 20대 후반에서 40대 초반의 여성과 자녀를 한 명 이상 둔 여성, 가족 중에 우울증을 앓는 사람이 있는 여성, 이전에 산후 우울증이나 기분 장애를 앓은 적이 있는 여성에게 많이 나타납니다.

월경전 증후군의 증상이 비교적 가벼울 때에는 정신적 여유와 안정을 취하면서 음식은 싱겁게 먹고, 담배와 스트레스를 피하면 좋아집니다. 그렇지만 증상이 심할 경우에는 반드시 전문의의 치료를 받아야 합니다. 월경증후군을 예방하려면 규칙적인 운동으로 긴장을 풀어 주고, 소금이나 설탕, 커피, 술을 줄여야 합니다.

여성의 신체 질환과 미술치료
06 여성 불임증

여성 불임증 사례(37세)

결혼한 지 4년이 지났지만 아직 아기가 없는 여성의 그림입니다. 시부모님은 자신을 볼 때마다 '더 늦기 전에 낳아야지.'라고 하셔서 더욱 속상하다고 합니다. 혹시나 싶어서 부부가 함께 검사를 받아 보았지만 아무런 이상이 없다고 합니다. 그래서 시험관 아기 시술도 고려하고 있습니다.
남편과 자신이 아기와 함께 산책하는 모습을 그렸
습니다. 사람들의 표정은 즐거워 보이지만, 하늘은 텅 비어 있고 전체적으로 외로운 분위기가 느껴집니다. 아기를 원하지만 그렇게 할 수 없는 허전함과 무기력함이 담겨 있습니다. 불임에서 가장 중요한 것은 불안감과 스트레스의 극복입니다. 미술치료를 통해 불안을 마음껏 발산하고 긍정적인 에너지를 채우면서 임신 과정에 임하는 것이 좋습니다.

여성 불임증이란?

아기가 생기지 않는 부부들이 점점 늘어나고 있습니다. 출산율은 사상 최저치를 경신하고 있지만, 아기를 갖지 못해 애태우는 부부들도 적지 않습니다. 아기가 생기지 않는 이유가 많은 만큼 임신을 위한 검사와 치료법도 다양합니다. 그렇지만 아기를 갖는 과정은 아주 더디게 진행되고, 시간도 많이 필요하며, 경제적으로 부담이 많기 때문에 불임을 극복하기가 쉽지 않습니다.

남성에게 40% 정도, 여성에게는 60% 정도 불임의 원인이 있는데, 이는 여성이 임신과 출산을 모두 담당하기 때문입니다. 원인은 매우 다양하고 복합적으로 연관되어서 사소한 이상이 불임으로 연결됩니다. 임신 과정에서 배란 장애, 자궁경관 장애, 난관 기능 장애, 수정란 착상 장애, 기타 만성 질환이나 면역학적 인자 이상에 의한 장애가 원인입니다.

여성 불임증은 기질성(체내 기관과 조직) 병의 변이일 수도 있고, 혹은 기능성 장애일 수도 있으며, 심리적인 원인도 있을 수 있습니다. 많은 불임증 환자가 기질성 병변만을 중시하고, 기능성 장애는 가볍게 여기며, 심리적인 원인은 매우 무시합니다. 여성 불임증에서 심리적인 원인도 매우 중요한 원인이기 때문에 조기 치료와 함께 가족의 관심과 사랑이 더욱더 많이 필요합니다.

불임이 있는 여성에게 가장 중요한 부분은 불임에 대한 스트레스 극복입니다. 임신에 대한 걱정이 지나칠 경우 오히려 스트레스로 작용해서 우울증으로 이어지면 임신에 방해가 될 수 있습니다. '임신을 포기하고 아예 생각하지 않았는데 어느 날 임신이 되었더라.'는 경험담은 편안한 마음가짐이 얼마나 중요한지를 말해 줍니다.

여성의 신체 질환과 미술치료
07 산후 비만

산후 비만 사례(29세)

얼마 전 둘째를 출산한 이 여성은 임신과 출산 과정에서 늘어난 체중 때문에 스트레스를 받고 있습니다. 첫째 때와는 달리 임신 초기 입덧이 심했고, 입덧이 사라지자마자 임신 중기부터 폭식을 하게 된 것이 문제였습니다. 지금은 체중 조절을 위해서 나름대로 노력하고 있지만, 두 아이를 돌봐야 하기 때문에 자꾸만 우선순위에서 밀리고, 이제는 포기할까도 생각 중입니다.

내가 바라는 나의 모습을 표현하는 미술치료 활동을 하였습니다. 추상적인 목표를 그림으로 나타내는 과정을 통해 자신의 목표를 더욱 구체적으로 확인하고, 실행 과정을 체계적으로 계획할 수 있기 때문입니다. 지금의 통통한 모습과 미래의 날씬한 모습을 그림으로 그렸습니다. 그림을 그리면서 한편으로는 아이를 낳고 키우기 위해서 고생한 자신을 다독거릴 수 있었고, 한편으로는 체중을 조절해서 거울에 날씬한 모습을 비출 수 있는 날이 오길 기원하였습니다.

산후 비만이란?

대개 임신 마지막 달에 체중이 15kg 이상 증가하면, 출산한 다음에는 산후 비만으로 이어질 가능성이 높습니다. 임신을 하면 태아의 무게를 제외하고도 자궁 내 양수와 몸의 수분 증가로 자연스럽게 체중이 증가합니다. 또한 임신 중에는 심장의 부담으로 혈액 순환이 원활하지 않아 몸이 잘 붓습니다. 또 출산을 하면 심한 진통과 체력 소모로 탈진 상태에 빠지는데, 이때 몸 관리를 제대로 하지 않으면 임신 중 부종이 다 빠지지 않은 채 그대로 살이 됩니다. 이렇게 늘어난 체중이 출산 후에도 줄지 않고 6개월 이상 지속이 되면 '산후 비만'이라고 합니다.

산후 비만의 원인으로는 임신 중의 영양 과잉, 모유 수유 기피 경향, 출산 후 신체 활동의 감소, 성급한 재임신 등이 있습니다. 산후 비만을 치료하려면 원인을 제거하고 건강을 빨리 회복하는 것이 중요합니다. 우선 출산으로 인해 소모된 기혈을 보충하고, 어혈을 제거하며, 자궁과 질, 비뇨기 계통이 빨리 회복되게 돕고, 근육과 관절 계통의 강화로 산후풍을 예방해야 합니다. 또한 기미 등 피부 트러블을 예방하고, 부종을 빼며, 신진대사를 촉진시켜 군살을 빼고, 산후 우울증이 생기지 않게 하고, 수유를 할 경우 젖이 잘 나오게 해야 합니다. 무엇보다 산후 비만을 예방하려면 임신 전부터 관리하고, 임신 중에도 지나친 과식이나 운동 부족 등 잘못된 생활 습관을 버려야 합니다.

여성의 신체 질환과 미술치료
08 산후풍

산후풍 사례(45세)

산후풍을 앓고 있는 여성의 그림입니다. 시도 때도 없이 시큰거리는 관절은 통증 정도가 심하지만 외상이 아니라서 치료를 빨리 받지 않았습니다. 또한 완경기에 접어들어 아팠기 때문에 산후풍이 원인인 줄 모르고 '나이 들어 그런가 보다.' 하며 참은 것이 문제였습니다.

집안일을 할 때마다 손목 통증이 너무 힘들다고 하소연하며 통증을 시각적으로 표현하였습니다. 이 여성은 그림을 완성한 다음 자신이 갖고 있는 신체적 문제를 처음으로 드러내었다고 합니다. 항상 당연하게 참고 지낸 통증에 대해 구체적으로 이야기하면서 적절한 치료법을 찾는 등 미술치료를 통해서 적극적인 자세를 취할 수 있었습니다.

산후풍이란?

여성만이 앓고 있는 고질병 중 하나가 산후풍입니다. 아기를 출산한 다음 허리와 골반이 쑤시고 아프거나, 팔다리가 저리고 시리는 증상, 빈혈과 부종 등이 나타나는 것을 한방에서 '산후풍'이라고 하며, 유산 후에 발생하는 여러 가지 증상도 넓은 의미에서 산후풍입니다.

출산은 자연스럽게 이루어지는 생리적인 현상이지만 임신과 분만, 태반 박리 등으로 자궁 출혈이 일어나거나 임신 과정과 출산 과정에서 과도하게 힘을 사용해 기혈이 손상됩니다. 아기에게 좋은 것을 다 주고 남은 허약한 몸에 외부에 찬 기운이 들어오거나, 찬물을 쓰거나, 과로 때문에 산후풍이 생깁니다.

산후풍은 주로 40세 이상의 완경기에 가까운 여성에게 많으며, 자각 증상은 강력한 데 비해 기질적인 병변은 그다지 심하지 않습니다. 산후풍의 증상은 일정하지 않고 다양하며, 환경이나 감정의 변화에 아주 민감하게 나타납니다. 통증이 심하며 시간이 갈수록 전신 관절과 근육으로 집중되고, 냉대하가 늘면서 냄새가 나기도 합니다. 산후풍이 심해지면 여름에도 관절 부위가 시립니다. 산후풍은 빨리 치료할수록 기간이 단축되고 후유증도 적습니다. 만일 치료가 적절하지 못하거나 치료 시기를 놓치면 류마티스 관절염 등으로 이어질 수 있으므로 주의해야 합니다.

산후풍을 예방하려면 산후 조리를 잘 해야 합니다. 찬 바람과 찬물을 멀리하며 적절한 체온 유지를 위해 따뜻한 곳에서 따뜻한 음식을 섭취합니다. 산모에게 적당한 스트레칭이나 운동과 함께 골반을 교정합니다. 또한 집안일과 육아로 몸에 무리가 가지 않도록 가족의 도움을 받아 안정을 취하는 것이 좋습니다.

여성의 신체 질환과 미술치료
09 갱년기 증후군

갱년기 증후군 사례(55세)

여자라면 누구나 갱년기를 두려워합니다. 미리부터 겁을 내고 우울해하며, 무엇보다 여성으로서 상실감을 갖게 됩니다. 이 여성은 갱년기 때문에 불안함은 느끼지만, 다른 사람들처럼 계속해서 우울해하거나 겁내지 않고 자신의 갱년기를 사랑해 주고 싶어 합니다. 또한 온전한 자기 자신으로서 아름다움을 만끽하려 합니다.

구스타프 클림트 그림의 노란 황금빛 물결은 에너지를 뿜어내는 듯하고, 희망적인 느낌이 들어서 좋아하였습니다. 그림에서 에너지를 얻고, 그림 속 인물에 자신을 투영하여 화려한 모습으로 중년 후반과 노년의 삶을 즐기고 싶어 합니다. 이 여성은 미술치료 활동으로 우울함을 떨쳐 낼 수 있었고, 내면의 우아함과 고상함을 유지하는 방법을 배웠습니다. 또한 새로운 변화에 적응하면서도 아름다움을 사랑하고 행복을 열망하는 멋진 여성으로 살아갈 힘을 얻게 되었습니다.

갱년기 증후군이란?

여성이 나이가 들면 난소가 노화되어 기능이 떨어집니다. 그래서 더 이상 배란이 되거나 여성 호르몬이 생산되지 않는데, 이로 인해 완경을 맞이합니다. 보통 1년 동안 월경이 없을 때 완경으로 진단합니다. 완경은 40대 중·후반에 시작해 점진적으로 진행되며, 이때부터 완경 이후의 1년까지를 완경 이행기, 흔히 '갱년기'라고 합니다. 갱년기 기간은 평균 4~7년 정도로, 여성 호르몬의 감소로 나타나는 여러 가지 증상을 '갱년기 증후군'이라고 합니다.

갱년기에는 흔히 월경이 불규칙해집니다. 또한 여러 가지 심리적인 문제가 생기는데, 피로와 신경과민, 두통, 우울, 불안, 감정의 심한 기복, 관절통 및 근육통, 어지럼증, 두근거림, 기억력 저하, 집중력 장애 등이 있습니다. 여성 호르몬의 감소는 골다공증의 원인이 될 수 있어서 요통이나 기타 골관절계에 통증이 생기고, 쉽게 골절될 수 있습니다.

우리나라 여성의 50% 정도가 갱년기에 급성 여성 호르몬 결핍 증상을 경험하는데, 얼굴 및 상체가 화끈 달아오르고, 땀이 많이 나며, 가슴이 두근거립니다. 이 증상은 보통 몇 초에서 몇 분간 지속되며, 1~2년이 경과하면 저절로 사라집니다. 또한 여성의 20% 정도는 갱년기 증상을 더 심하게 겪는데 안면 홍조와 함께 피로, 불안, 우울, 기억력 장애 등이 동반되며, 밤에 증상이 나타날 경우 수면 장애를 겪기도 합니다.

하지만 안면 홍조는 규칙적인 운동으로 어느 정도 감소시킬 수 있으며, 운동으로 근력을 강화해서 골밀도 감소에 따른 골절도 예방할 수 있습니다. 갱년기 증상은 여성의 자연스러운 신체적 변화이므로 걱정하거나 두려워하기보다는 담담하게 받아들이는 자세가 필요합니다.

여성의 신체 질환과 미술치료
10 자궁 근종

🌿 자궁 근종 사례(51세)

자궁 근종 수술을 한 여성의 그림입니다. 한 개라고 생각했던 종양이 세 개나 되었다고 합니다. 종양의 개수가 많아서 앞으로 또 재발할지 모른다는 불안감이 그림에 드러나 있습니다. 그렇지만 그림으로 자신의 불안감을 나타내고, 이야기로 풀어내면서 수술 후 느꼈던 불안감이 많이 해소되었다고 합니다.

자신의 공포와 불안, 걱정 등을 마음속에 담아 두기보다 밖으로 표출하면, 그 문제가 당장 해결이 되지 않더라도 처음 느꼈던 심리적인 부담감이 훨씬 가벼워지는 것을 느끼게 됩니다. 이렇게 스스로 표현하지 못하는 자신의 어려움을 미술치료 활동을 통해 밖으로 드러내면서 해소하고, 마음의 위안도 얻을 수 있습니다.

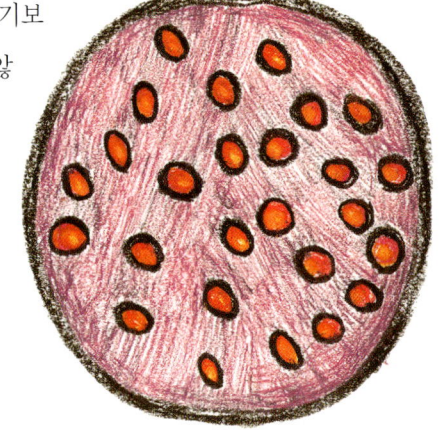

자궁 근종이란?

자궁 근종이란 자궁의 근육층을 이루는 평활근에서 생긴, 암과는 상관없는 양성 종양을 말합니다. 35세 이상 여성의 20%가 자궁 근종 질환이 있고, 자궁 근종이 전혀 없는 여성이 드물다고 할 정도로 발병률이 높습니다.

자궁 근종은 난소의 기능 이상으로 에스트로겐이 과잉 분비되면서, 초기에는 성욕 항진과 유방통, 유방 팽만, 월경량 증가의 증상이 나타납니다. 염색체 이상, 가족력 등이 원인으로 종양이 한 개 혹은 여러 개가 생길 수 있습니다. 월경 불순이 자궁 근종 증상으로 가장 많은데, 월경량이 많아지는 월경 과다와 월경이 아닐 때 생기는 부정 출혈이 대부분입니다. 그 다음으로는 자궁이 커지면서 아랫배에서 혹이 만져지거나 허리가 무거워지고 아랫배에 통증이 느껴지는 증상이 있습니다. 또한 커진 자궁이 주위의 장기인 방광을 누르면서 소변을 자주 본다거나, 소변 볼 때 통증을 느낄 수 있으며, 허약감과 무기력함, 두통, 빈혈 등이 생길 수 있습니다.

자궁 근종은 특별한 증상이 나타나지 않는 경우가 대부분이므로 종양의 크기가 너무 크지 않고 증상이 없으면 치료의 대상이 되지 않기도 합니다. 그렇지만 미혼 여성이나 아이를 낳으려는 여성에게는 위협적이므로 증상에 대한 판단은 임의대로 하면 안 됩니다. 산부인과 전문의 진료를 통해 악성 육종을 감별한 다음, 잦은 소변이나 잔뇨감, 요통, 월경 과다, 빈혈, 기능성 자궁 출혈, 반복 유산, 불임 등의 증상이 있으면 치료를 받아야 합니다. 자궁 근종 치료에는 약물치료도 있지만 수술을 통해서 완치를 목표로 치료합니다.

여성의 신체 질환과 미술치료
11 유방암

유방암 사례(34세)

유방암 진단 후 수술을 받고 현재는 통원 치료를 하며 생활하는 여성의 작품입니다. 점토 위에 모양을 만들면서 가슴을 상징하는 부분에 유난히 정성을 쏟았습니다. 색깔이 붉은색인 이유도 다른 무엇보다 아름다워 보이기 위해서입니다. 가슴을 상징하는 붉은 부분을 감싸고 있는 하트 모양에는 자신의 의지와 미래에 대한 소망을 담았습니다.

이 여성은 미술치료 시간에 자신의 의지와 소망을 생각해 보고, 또 구체적인 작품으로 만들면서 의지를 다지는 시간을 가졌습니다. 이 과정에서 몸과 마음, 그리고 일상생활을 긍정적으로 되돌아볼 수 있었습니다.

유방암이란?

유방암은 여성 암 발병률 1위의 암으로, 서구화된 생활 방식과 출산 및 모유 수유 감소 때문에 더욱 증가할 것으로 보입니다. 유방암은 40대 이후부터 발병률이 급격히 증가하여 50~59세에 가장 높은 발병률을 보이다가 이후 서서히 감소합니다. 가족 중에 유방암에 걸린 사람이 있는 경우, 칼로리가 높은 식사와 지방이 많은 식사를 자주하는 비만형인 사람, 자녀가 적거나 없는 여성, 최초의 출산 연령이 늦은 여성, 완경 연령이 늦은 여성이 유방암에 걸릴 확률이 높습니다.

유방암의 가장 흔한 증상은 유방 내에 만져지는 통증이 없는 멍울입니다. 양성과는 달리 악성인 경우는 표면이 올록볼록하여 경계가 분명하지 않고 딱딱하게 느껴지며, 뿌리가 박힌 것처럼 움직이지 않기도 합니다. 그 밖에 유두 출혈, 유두 침몰, 겨드랑이 임파선 종대, 피부 부종이나 피부 궤양 등의 증상이 있습니다. 드물게는 유방에서 혹이 만져지기 전에 뼈와 간, 폐 등 전이 소견이 먼저 나타나기도 합니다.

치료에는 주 치료법인 수술 외에 항암 화학 요법과 호르몬 요법, 방사선 치료 등이 있습니다. 환자의 상태에 맞게 여러 가지 치료법을 병행하여 다각도로 암을 공격해 치료 효과를 높이며, 가급적 유방의 형태를 보존하고 수술 후유증을 줄이려는 등 삶의 질을 높이는 방향으로 노력이 계속되고 있습니다. 현재는 유방암의 발병률을 낮추기 위해 출산과 모유 수유를 적극 권장하고, 모유 수유의 기간도 오래 지속시킵니다.

수많은 연구 업적이 있었지만 아직까지는 확실한 유방암 예방법이 없기 때문에 현재는 초기에 발견하여 치료하는 것이 완치 효과를 얻어 내는 최선의 방법입니다. 1달에 1번 자가 진단하며, 1년에 1회씩 검진을 받습니다. 특히 유방암 가족력이 있거나 50대 이상이라면 매년 검진을 통해 특수 촬영을 해야 합니다.

여성의 신체 질환과 미술치료
12 갑상선암

갑상선암 사례(43세)

남편과 함께 일을 하며 바쁘게 살았던 여성의 그림입니다. 갑상선암을 진단 받고 현재 치료 중입니다. 그림 속의 여성은 안락한 소파에 앉아서 편히 쉬고 있습니다. 그 주변을 맴도는 나비는 분위기를 더욱 여유롭게 만들어 줍니다. 그림에서 나타나듯이 이 여성은 예전과 달리 쉽게 지치고 항상 피로를 느끼는 자신에게 한가로운 시간을 선물하려는 소망이 있습니다.

미술치료를 하면서 이 여성은 차츰차츰 심리적인 안정감을 되찾았고, 항상 조급하고 불안하던 예전과 달리 일상에서 한가로운 시간을 갖으며 여유롭게 살 수 있도록 노력하고 있습니다.

갑상선암이란?

갑상선은 목의 한복판에 자리 잡은 장기입니다. 갑상선암은 일반적으로 분화 갑상선암, 갑상선 수질암, 미분화 갑상선암으로 구분합니다. 분화 갑상선암에는 유두 갑상선암, 여포 갑상선암이 있는데, 우리나라에서 발병하는 갑상선암의 90% 이상이 유두 갑상선암입니다. 갑상선암은 다른 암과는 달리 완치율이 높고 예후도 좋아서 수술만 한다면 좋은 효과를 볼 수 있습니다.

갑상선암은 초기에 별다른 증상이 없으며, 대개는 목에 혹 같은 것이 만져지면서 발견됩니다. 시간이 지나면 목이 쉬고 음식을 삼킬 때 불편함이 느껴집니다. 암이 주위의 림프선을 침범하면 부어 오른 림프선도 만져집니다. 보통 암의 종자체에서 통증을 느끼지 않지만, 목이나 얼굴 같은 곳으로 암이 퍼지면 아픔을 느낍니다.

갑상선암은 남자보다 여자에게 약 2배 정도 많이 나타납니다. 방사선 노출이 원인으로 추정되는데, 히로시마나 체르노빌 등의 지역에서 갑상선암 환자가 많이 발생하고 있으며, 이는 실험으로도 증명이 되고 있습니다. 특히 어렸을 때 머리에 생긴 피부병과 갑상선 질환, 편도선 비대 등으로 머리와 목 등에 방사선 치료를 받은 적이 있는 여성이라면 주의할 필요가 있습니다.

갑상선암 치료에는 수술 요법과 방사선 요법이 쓰입니다. 외과적 수술이 우선이지만 출산이 끝난 여성에게는 이 두 가지를 함께 사용하여 치료한다면 더 효과적입니다. 갑상선암이 다른 부위로 전이가 될 경우 생존율이 낮아지므로 역시 조기 발견과 조기 치료가 중요합니다.

여성의 신체 질환과 미술치료
13 가정 폭력

가정 폭력 사례(41세)

가정 폭력을 당한 여성으로서 가족을 동물로 그렸습니다. 남편은 빠르고 무서운 괴물로, 자신과 딸 2명은 새장에 갇힌 힘없는 새로 표현하였습니다. 이 여성은 힘이 없고 무서워서 바닥에 누워 있습니다. 괴물인 남편은 표정 없는 얼굴로 새들이 밖으로 못 나가게 감시하고 있습니다.

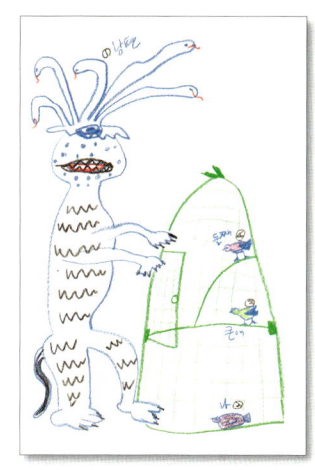

가정 폭력 사례(47세)

그림의 주제는 '가장 잊고 싶은 기억'입니다. 부부 싸움을 하면 남편은 취미로 모은 칼을 들고 심한 욕설로 협박하였습니다. 그때의 일들을 모두 잊고 싶다고 말하면서 눈물을 보였습니다.

가정 폭력이란?

가정 폭력은 배우자나 사실상 혼인 관계에 있는 사람과 부모, 조부모, 자녀, 손자, 증손자, 계부, 계모, 서자, 친척 사이에서 신체적·정신적·재산상 피해를 수반하는 모든 행위를 말합니다. 크게 네 가지 유형이 있는데, '신체적 학대'는 때리기, 발로 차기, 밀치기, 머리 잡아당기기, 목 조르기, 물건 부수기, 끓는 물이나 찬물 뿌리기, 침 뱉기, 다쳤는데도 병원에 보내지 않기 등 일방적인 폭력을 의미합니다. 겁주기와 일상적으로 욕하기, 공격적인 말투로 위협하거나 협박하기 등 스트레스가 되는 행위의 반복이 '정신적 학대'입니다. '성적 학대'로는 성교 강요, 피임을 하지 않거나 특별한 행위 강요, 근친상간, 낙태 찬성에도 불구하고 낙태시키지 않기 등이 있습니다. 마지막으로 근친자를 친척이나 친구로부터 격리하거나 외출을 방해하는 행위는 '사회적 격리'에 속합니다.

아내나 아동을 학대하는 행위는 엄연한 범죄임을 인식해야 합니다. 장기간 폭력에 시달리면 신체적·정신적인 큰 손상을 입습니다. 외상뿐만 아니라 항상 폭력에 대한 두려움에 시달리고 불안과 초조, 가슴 두근거림, 어지러움 등의 증세가 생깁니다. 또한 자괴감과 무기력함을 느끼고 심하면 정신 질환까지 생깁니다.

가정 폭력을 당하면 우선 경찰에 신고하여 보호를 요청하는 것이 가장 중요합니다. 가정폭력방지법에 따라 일단 신고하면 경찰이 즉시 출동하여 폭력을 중지시킵니다. 또한 폭력을 자기 탓으로 돌리거나 창피한 일로 숨기지 말고 상담 기관이나 여성 단체에서 상담을 받습니다. 폭력이 계속 되기 전에 해당 장소를 떠나 안전한 곳으로 피합니다. 위험할 때는 병원으로 가거나, 피해 사실을 친정 식구나 이웃에 알리고 맞은 부위와 상처를 보여 주면서 도움을 요청합니다.

- 여성긴급전화 1366 상담전화 : 국번 없이 1366 / 홈페이지 : www.1366.or.kr
- 한국가정법률상담소 상담전화 : 1644-7077 / 홈페이지 : www.lawhome.or.kr

4장 선생님이 들려주는 미술치료 이야기

여성의 마음 질환과 미술치료

여성의 일생과 마음 질환

평생 여성이 월경으로 겪는 신체적·정신적 불쾌감과 고통은 주위에 많은 영향을 주며, 간접적인 피해도 큽니다. 또한 아이를 낳으면서 경험하는 산모의 우울증은 가족과 아기에게 큰 영향을 미치므로, 빠른 치료와 가족의 지지가 필요합니다.

갱년기는 자연스러운 노화 현상이지만 제2의 변혁기라 할 정도로 중요한 시기입니다. 여성 호르몬의 분비가 급격히 줄어들면서 생활에 의욕이 없고, 쉽게 짜증이 나서 자신이 불행하다고 느끼며, 가족이나 주변 사람과의 충돌이 잦아지는 등 다양한 문제를 동반합니다.

여성은 이렇게 평생 동안 다양한 변화를 경험하며, 심리적으로도 많은 변화를 겪습니다. 특히 임신과 출산, 갱년기와 여성 질환에서 오는 스트레스로 불면증과 불안, 우울 등 정신적 증상을 호소하는 경우가 많습니다. 이러한 심리적 문제는 신체에도 직접적인 영향을 미치므로 더욱 주의해야 합니다.

여성 마음 질환에 도움을 주는 미술치료

마음 질환이 있는 여성의 대다수가 우울증이나 화병, 스트레스로 괴로워합니다. 특히 우울증이 심한 여성은 가족에 대한 죄책감이 크기 때문에 심리적으로 더 심한 고통을 겪습니다. 마음 질환이 있더라도 자신의 감정에 대해 올바르게 인식하고 자아존중감을 키운다면, 심리적 안정감을 회복하고 건강하게 생활할 수 있습니다.

미술치료는 마음 질환을 앓고 있는 여성을 돕는 데 목적을 두고 있습니다. 다양한 미술치료 활동을 통해서 무의식에 가두어 둔 감정을 표출하면 부정적인 감정은 정화되고, 마음의 무게가 가벼워집니다. 감정 표현으로 심리적 안정감을 얻은 여성은 자신의 왜곡된 인지를 바로 잡을 수 있고, 자기 생각과 감정을 객관적으로 인식할 수 있습니다. 미술치료는 마음 질환으로 고통받는 여성뿐만 아니라 가족에게도 많은 힘이 되어 줍니다.

여성의 마음 질환과 미술치료
01 여성 우울증

여성 우울증 사례(51세)

우울증으로 힘들어하는 여성의 그림입니다. 2년 전 완경을 맞이하고, 몇 달 전에는 첫째 딸이 결혼하였습니다. 완경 때문에 갑작스러운 호르몬 변화가 생기고, 딸의 결혼으로 심리적인 불안감과 외로움이 심해졌습니다.

그림에서는 이 여성의 외로움이 느껴집니다. 앞을 향해 끝없이 펼쳐지는 길이 기대되기보다는 그림 전체에 짙은 어둠이 깔려 있고, 끝없이 이어진 길은 언제 끝날지 몰라 두렵고 막막한 마음이 들게 합니다.

여성 우울증이란?

여성은 생물학적으로 월경과 임신, 출산과 완경의 변화를 경험하므로 우울증에 취약합니다. 특히 우리나라 기혼 여성은 우울증을 유발하는 사회 문화적 분위기에 노출되어 있는데, 결혼하면 집안일과 육아는 여성이 고스란히 책임지며, 맞벌이 부부라도 대부분 여성이 담당합니다. 여기에 시댁 식구가 주는 스트레스까지 겹치면 더욱 힘들어지는데, 며느리라는 상대적으로 열악한 위치에서 마음의 상처를 입으면 부부 간 갈등도 깊어져서 악순환이 연속됩니다. 여성은 몸의 변화로 균형이 깨지기 쉬운 반면, 가정과 사회에서 스트레스를 받고 해소할 기회도 적기 때문에 우울증에 많이 걸립니다.

여성 우울증에는 임신 및 출산 관련 우울증(116쪽 참고)과 월경(105쪽 참고) 및 완경(109쪽 참고) 관련 우울증이 있습니다. 우울한 기분이 지속되고, 최소 2주 이상 자신의 기분을 조절할 수 없다면 우울증을 의심해 보아야 합니다. 식욕 감퇴와 두통, 소화 불량, 불면증, 호흡 곤란, 성욕 저하 등 신체적인 증상이 있으며, 우울한 기분과 자기 비하, 집중력 저하와 우유부단함, 초조함이나 자살 시도 등의 증상도 있습니다.

우울증은 의지가 약해서 생기는 질환이 아니므로 마음을 강하게 먹는다고 나아지지 않습니다. 정도가 심한 경우에는 초기에 전문가의 도움을 받아 건강을 회복하는 것이 중요합니다. 우울증은 기본적인 생활 리듬을 잘 지키고 규칙적인 생활을 하면 예방할 수 있습니다. 또한 자신을 비난하거나 지나치게 높은 기대감을 갖기보다 긍정적으로 생각하고 자신을 위한 일을 하며, 기분 전환을 위해 노력하는 것이 좋습니다.

평소에 스트레스를 많이 받는다면 어떤 상황에서 스트레스를 받았고, 어떤 기분이었는지를 객관적으로 기록합니다. 스트레스 해소 방법을 모색한 뒤 실천한 것을 메모하면 자신의 스트레스 패턴과 행동을 알게 되어 우울증에 능숙하게 대처할 수 있습니다.

여성의 마음 질환과 미술치료
02 산후 우울증

🌿 산후 우울증 사례(33세)

일과 가정을 양립해야 한다는 부담감이 심한 여성입니다. 출산의 기쁨보다는 앞으로 더 바빠질 거라는 두려움이 우울증으로 다가왔습니다. 지금은 아무것도 하기 싫고, 공연히 슬퍼져서 눈물이 나옵니다. 색깔을 칠하지 않는 연한 스케치와 여백이 쓸쓸하게 보입니다. 그림 속 산모의 무표

정함과 유모차 속 아기가 잘 표현되지 않아 이 여성은 출산의 기쁨을 느끼지 못함을 알 수 있습니다. 또한 텅 빈 벤치가 덩그러니 놓여 있는 그림은 우울한 정서를 나타냅니다.

산후 우울증이란?

여성에게 출산은 신체적·정신적 변화와 더불어 모성(母性)으로서 사회적 책임감이 가중되는 생애 전환기의 경험입니다. 많은 산모가 부모 된 기쁨과 아기에 대한 사랑을 느끼지만, 한편으로는 양육에 대한 부담감을 느끼고 산후 우울 정서를 경험합니다.

최대 85%의 산모가 분만 후 1주일 이내에 증상이 경미한 '산후 우울감'을 경험하며, 3주 이내에 회복합니다. 쉽게 울거나, 불안, 초조, 불면증, 급격한 감정의 변화를 겪는데, 가족의 정서적인 도움과 세심한 관찰이 필요합니다. '산후 우울증'은 산후 4주를 전후로 시작하며, 출산 직후나 수개월 후에 나타나기도 합니다. 자주 우울하고, 과도한 민감성, 식욕 부진, 위축된 기분, 공허감, 자신이나 아기가 죽을 것 같은 느낌, 때로는 아기를 해치거나 자살 충동을 느끼기도 합니다. '산후 정신병'은 드물지만 가장 심각하며, 입원과 약물치료가 필요합니다. 대개 산후 3~14일 이내에 갑자기 발생하며 피로감과 불면증, 심한 울음, 의심이 많아지고 아기의 안녕을 강박적으로 걱정하며, 망상이나 환각을 경험하기도 하고 일상생활의 기능이 떨어집니다.

산후 우울증은 정도가 심하거나 오래 지속되면 자녀와의 결속 및 애착 형성을 방해하며 모성 역할 및 자녀의 발달에 부정적인 영향을 끼칩니다. 또한 부부 간 갈등도 생기며, 산모의 남편에게 우울 정서가 나타나기도 합니다. 그렇지만 우리나라는 산후 우울증에 관한 교육이 거의 없고, 문화적으로 산욕기 산모의 외출을 삼가며, 출산에 대해 부정적인 정서 표출을 금기시하므로 산모 자신의 부정적인 정서가 출산과 관련된다는 것을 인지하거나 표현하기가 쉽지 않습니다.

가장 좋은 산후 우울증 대처법은 육아와 집안일에 집착하지 않는 것입니다. 완벽주의 여성일수록 산후 우울증에 걸리기가 쉽습니다. 육아 문제는 천천히 시간을 갖고 해결하며 마음의 여유를 갖는 것이 중요합니다. 또한 출산에서 오는 다양한 스트레스를 담아 두지 말고 기분 전환을 해서 푸는 것이 좋습니다. 무엇보다도 증상이 심해지고 혼자 노력으로 해결되지 않는다면, 가족에게 도움을 청하거나 전문의의 상담을 받아야 합니다.

여성의 마음 질환과 미술치료
03 화병

화병 사례(34세)

시어머니를 모시고 생활하는 여성이 자신의 속마음을 표현한 그림입니다. 결혼 후 원래 살던 곳에서 멀리 떨어져서 갑작스럽게 환경이 변하고, 친정 엄마나 친구에게 속마음을 털어 놓을 기회가 줄어들어 스트레스가 쌓여 갑니다. 이제는 모든 일에 민감하게 반응하고 사소한 일에도 신경이 곤두선다고 합니다.

오일 파스텔로 있는 힘껏 화를 분출하듯 그림을 그렸습니다. 마음속에 있는 분노를 밖으로 표현할 수 있어서 완성한 후에는 기분이 좋아지고 편안해졌다고 합니다.

화병이란?

화병은 스트레스 때문에 화가 많이 나거나 혹은 화를 오래 참아서 생기는 병입니다. 우리 주변에서는 '울화병'이라고도 하며, 우리나라에만 있는 병명입니다. 화가 나는 일을 당하고도 풀지 못했을 때 가슴에 응어리가 남아 여러 가지 신체적·정신적 증상으로 나타납니다.

화병으로 진행되는 과정을 살펴보면 다음과 같습니다. 극심한 분노와 배신감과 증오심을 느끼는 격한 감정 상태를 거친 뒤, 감정이 진정되고 이성을 회복하면서 분노를 억제하고 참고 견딥니다. 이후 근본적인 해결보다는 체념 상태로 지내다가 만성 스트레스 반응이 신체로 투사되어 신체적 고통이 느껴집니다.

화병은 보통 몇 년의 기간을 두고 발병하는 만성 질환이므로 심리적인 고통을 지속적으로 느끼며, 겉으로 증상이 없어도 방치하면 병이 깊어지기 때문에 적극적으로 치료해야 합니다. 화병은 자신의 치료 의지 및 주위의 관심과 도움이 있다면 치료할 수 있습니다.

우선 화의 원인을 찾아서 적절한 해결 방안을 찾습니다. 또한 자신도 모르게 쌓인 부정적인 감정을 제거하고 정화해야 합니다. 미술치료나 심리치료, 인지치료나 명상 등을 통해 긍정적인 생각을 심고, 무의식에 잠재된 부정적인 감정들을 발산하면서 분노를 해소하고, 마음을 정화하는 과정이 필요합니다. 또한 항상 마음의 안정을 취할 수 있게 노력하며, 동시에 스트레스를 해소하는 운동이나 취미 생활을 찾아 실행하는 것이 좋습니다.

여성의 마음 질환과 미술치료
04 스트레스

스트레스 사례(32세)

작년에 결혼을 한 30대 초반의 여성이 남편과의 갈등으로 스트레스를 받고 있는 상황을 표현한 그림입니다. 결혼 전과 결혼 후 달라진 남편의 태도에 최근에는 둘의 다툼이 심해졌다고 합니다. 결혼을 하면 매일매일 남편과 함께 행복하게 지낼 수 있을 거라 기대했기 때문에 지금의 상황은 더욱 큰 충격이었습니다. 이 여성은 그림 속 복어를 자신이라고 하고, 조금만 더 상황이 악화되거나 누군가가 자신을 살짝 건드리기만 해도 곧 터져 버릴 것 같다고 이야기하였습니다. 그림을 그리고 나서는 그림으로나마 자신의 감정을 분출할 수 있어서 조금은 편안해졌다고 하였습니다.

스트레스란?

스트레스란 일상생활에서 마주치는 긴장과 근심, 힘든 일에 대해 신체가 반응하는 방식을 말합니다. 스트레스를 받으면 자율 신경이 활성화되고, 아드레날린이 분비되어 신장에서는 글리코겐이 포도당으로 전환됩니다. 혈액 흐름이 증가되면서 혈압도 상승하고, 부족한 산소를 얻으려고 호흡도 빨라지며, 소화 작용에도 영향을 줍니다. 이는 위험에서 벗어나거나 맞서는 힘을 마련하는 정상적인 반응입니다. 하지만 신체가 이런 화학 작용을 지속하면 만성이 되어 작은 자극에도 반응하는 등 기능 장애를 일으키거나 질병에 매우 취약한 상태가 됩니다.

스트레스를 받으면 피로, 두통, 불면증, 근육통 등 신체적 증상이 나타나고, 집중력과 기억력 감소, 신경과민, 우울, 분노, 불안 등 정신적인 증상이 나타납니다. 손톱 물어뜯기, 다리 떨기, 흡연, 과식, 울기, 욕하기 등의 행동적인 증상도 나타납니다. 스트레스로 인한 질병은 개개인의 특징과 환경적 차이에 따라 매우 다양한데, 심장병이나 고혈압, 당뇨병뿐만 아니라 신경증도 생길 수 있습니다.

스트레스는 '인생의 양념'이라는 말이 있듯이, 살면서 어느 정도는 필요합니다. 조절할 수 있는 가벼운 '좋은 스트레스'는 상쾌한 자극으로 다가와 인생의 활력소가 됩니다. 하지만 지속적으로 스트레스를 받거나 지나치게 강해서 조절할 수 없는 '나쁜 스트레스'는 신체적·정신적으로 좋지 않은 영향을 주기 때문에 관리가 필요합니다.

스트레스로 인한 다양한 질환은 예방할 수 있습니다. 평소 규칙적인 생활을 하면서 자신에게 맞는 취미 생활과 스포츠 등으로 스트레스를 해소합니다. 악기 레슨을 받거나 등산을 하는 체험들이 스트레스를 줄 수 있지만, 결코 불쾌하지 않은 '좋은 스트레스'입니다. 또한 자기 삶의 주인의식을 갖고 즐겁게 살려고 노력하며, 적극적인 대인 관계를 통해 마음을 나누면 좋습니다. 적당한 스트레스에 적응하는 것도 중요하지만, 혼자서 감당이 안 된다면 전문가와 상담해서 치료하는 것이 좋습니다.

여성의 마음 질환과 미술치료
05 섭식 장애

섭식 장애 사례(23세)

섭식 장애를 앓고 있는 직장 여성의 그림입니다. 먹고 싶은 것은 많지만 먹지 못하는 괴로움과 고통을 표현하였습니다. 이런 자신에 대한 주변 사람들의 무관심한 태도와 몰이해가 더욱 괴롭습니다. 억지로 음식을 먹이려는 사람들과 자신을 두고 수군거리는 사람들 때문에 섭식 장애에서 오는 고통뿐만 아니라 심리적인 어려움도 큽니다. 시간이 지날수록 점점 미궁 속으로 빠져드는 것 같지만, 어떻게 해야 할지 모르겠다면서 많이 힘들어합니다.

이 여성은 자신의 상황을 그림으로 그리는 미술치료 활동을 통해서 하루빨리 지금의 상태에서 벗어나겠다는 의지를 좀 더 확고히 할 수 있었습니다.

섭식 장애란?

섭식 장애는 식이 장애 혹은 식사 장애라고도 하며, 체중 증가에 대한 두려움이 지나치거나 마른 몸매에 대한 욕구가 강하고, 계속 굶거나 약을 먹는 등 극단적인 다이어트에 과도하게 집착하여 식사 행동 장애를 보이는 질환입니다. 섭식 장애를 크게 신경성 식욕 부진증(거식증), 폭식증, 습관성 과식증이 있습니다.

섭식 장애의 증상은 다음과 같습니다. 뚱뚱하다는 느낌을 지속적으로 갖거나 체중 증가에 대해 강한 두려움을 가지며, 체중에 따라 자아존중감이 결정되고, 음식을 먹은 다음 반드시 후회하고 부끄러움이나 죄책감을 느껴 구토를 하기도 합니다. 또한 여러 번 실패하면서도 다이어트를 계속하고, 단식이나 약물 복용 등으로 극단적인 다이어트를 하며, 과도하게 운동하기도 합니다. 섭식 장애의 합병증으로 소화 기관 장애나 혈청 전해질의 불균형, 치아 손상, 심한 변비, 무월경, 골다공증이 생기며, 불안정한 정서나 자신감 상실, 자살 충동, 우울, 불안, 대인 회피 등의 정신 질환도 유발합니다.

섭식 장애는 일반적으로 3~6개월의 치료 기간이 필요한데, 한 가지 방법만으로는 치료 효과를 거두기 어려우므로 개인의 상태에 따라 다양한 치료법을 적용합니다. 정신과 전문의나 심리치료사와 상담하는 '심리치료'와 극단적 과식이나 단식, 구토 등 이상 행동을 중지하고 규칙적인 식습관을 가게 하는 '행동치료', 체중에 대한 왜곡된 인식과 영양 섭취에 대한 잘못된 인식을 교정하는 '인지치료'가 있습니다. 또한 우울과 불안이 심할 경우 '약물치료'를 하거나 가족에게 섭식 장애에 대한 정보와 대처 방법을 제공해 가족의 스트레스를 감소시키는 '가족치료', 적절한 식단을 작성해 실행하는 영양 상담 및 같은 섭식 장애가 있는 사람들이 모여 문제를 해결하는 '자조 모임'도 있습니다.

여성의 마음 질환과 미술치료
06 불면증

불면증 사례(25세)

불면증으로 힘들어하는 여성의 그림입니다. 밤에 잠자리에 누우면 하루 일과가 머릿속에서 계속 반복되며, 특히 마음에 걸리는 일들이 무한 반복되어 잠을 이룰 수 없습니다. 마치 뫼비우스의 띠처럼 끝없이 이어지거나 풀리지 않는 숙제처럼 생각들이 꼬리에 꼬리를 뭅니다. 머리의 한쪽 구석이 계속 반짝거려서 잠을 자고 싶지만 좀처럼 잘 수 없는 모습을 그림으로 표현하였습니다. 이 여성은 그림을 그리면서 스스로에게 '끝없는 생각의 띠를 누군가 끊어 준다면 잠을 잘 수 있을까?'라고 계속해서 질문하였습니다. 그리고 그 끈을 끊을 수 있는 사람이 자신이라는 것도 알게 되었습니다. 그림을 완성한 후에 지나간 일에 대한 미련을 버리고, 예민하고도 역동적인 자신의 밤이 호수처럼 잠잠해졌으면 좋겠다고 이야기하였습니다.

불면증이란?

불면증은 잠을 이루지 못하는 수면 장애를 말합니다. 적어도 1개월 이상 잠들기 어렵거나, 1주일에 3번 이상 잠이 들더라도 자주 깨어 낮 동안 매우 피곤함을 호소하는 등 수면 부족으로 장애가 나타납니다. 일반인의 3분의 1이 반복되는 불면증을 경험하며, 9%는 만성 불면증 때문에 일상생활에 지장을 받습니다. 1개월 미만으로 지속되는 불면증은 대부분 스트레스 때문에 발생하므로 스트레스 요인을 제거하면 증상이 자연적으로 좋아지기도 합니다.

불면증의 증상은 습관적으로 잠을 이루지 못하며, 짧게 끊어졌다 이어지는 수면, 얕은 수면, 꿈을 많이 꾸는 수면 등 수면의 양이나 질이 문제가 됩니다. 만성 불면증으로 이어지면 두통과 소화 불량이 나타나며, 짜증을 잘 내는 등 일반적인 신경 쇠약 증세가 나타납니다.

가벼운 불면증은 커피나 홍차 등 카페인의 과다 섭취, 각성제나 비타민제 등의 약제 사용, 환경 변화, 스트레스 때문에 생길 수 있습니다. 만성 불면증은 뇌혈행 장애성, 자율 신경이나 내분비 이상, 천식, 심장 질환, 폐 질환, 두통, 그리고 정신 질환 때문에 자주 발생합니다.

불면증의 치료법은 원인에 따라 다릅니다. 스트레스에 의한 불면증이나 특별한 원인이 없는 불면증은 비약물적인 치료를 먼저하고 수면 촉진제는 보조적으로 사용합니다. 특히 숙면을 취하려면 낮잠 피하기, 잠자리에 누워 있는 시간을 일정하게 하기, 규칙적으로 운동하기, 담배나 커피, 술 등 수면 방해 물질 피하기 등 수면 위생을 잘 지키고, 수면 환경을 좋게 만드는 것이 가장 중요합니다. 또한 요가나 명상 등 이완 요법을 쓰기도 하며, 심각할 때는 약물 요법을 쓰지만 의존성이 문제가 되므로 전문가의 처방을 따라야 합니다.

여성의 마음 질환과 미술치료
07 명절증후군

명절증후군 사례(48세)

이 여성의 친정은 종교가 기독교라서 제사를 지내지 않았습니다. 큰집이 아니어서 명절에는 식구끼리 맛있는 음식을 해 먹었기 때문에 명절은 늘 기다려지는 즐거운 가족 모임이었습니다. 하지만 지금은 명절만 다가오면 부담감과 압박감에 시달리고, 속이 매스껍고 머리가 아파오며, 위장 장애까지 생깁니다. 또 명절이 지나면 온몸이 구석구석 아파 옵니다. 작년 명절에는 증상이 너무 심해서 병원에 다녀오고, 맛있는 음식들도 먹지 못하였습니다. 말로만 듣던 명절증후군이었습니다. 오랜만에 모든 가족이 한자리에 모여서 오순도순 이야기를 하는 것도 좋은 일이고 행복하지만, 한편으로는 다시는 명절을 맞이하기 싫은 자신의 이중적인 모습을 그림으로 표현하였습니다.

명절증후군이란?

명절 때 받는 스트레스로 신체적·정신적인 증상을 겪는 것을 '명절증후군'이라고 합니다. 주로 설이나 추석에 발생하는데 귀향 때문에 겪는 장시간의 교통 체증, 많은 식구가 모이는 번잡함과 과다한 가사 노동에서 생기는 신체적 피로, 남녀 차별, 시댁과 친정의 차별, 고부 갈등에서 생기는 정신적 피로가 스트레스를 유발합니다. 전통적인 관습과 현대적인 생활 방식이 공존하는 우리나라에서만 찾아볼 수 있는 특이한 증후군인데, 핵가족화된 가정이 명절에만 공동 가족으로 합쳐지기 때문에 여성들이 이 증후군을 겪습니다. 기혼 여성의 70~80%가 명절에 스트레스를 받지만, 이러한 상황을 극복할 대처법이 없는 것이 문제입니다.

명절증후군 때문에 여성들은 '짜증이 난다', '답답하다', '머리가 아프다', '팔다리가 쑤시고 아프다', '심란하고 우울하다'고 호소하며 이 외에도 현기증, 호흡 곤란, 허탈감, 소화 불량 등 다양한 신체적·정신적 증상을 보입니다. 대체로 명절을 지내면 차차 증상이 없어지지만, 그 이후로도 계속되면 적응 장애나 우울증, 신체형 장애를 생각해 보아야 합니다. 만일 주부 우울증으로 진행된다면 우울 증상이 만성화되지 않도록 전문가의 치료를 받아야 합니다.

명절증후군을 예방하려면 우선 가족 모두가 가사 노동을 골고루 분담해야 합니다. 또한 좁은 주방에서 한 자세로 장시간 일하면 허리와 무릎, 어깨, 목 등 관절 주변에 근육 경련이나 인대 손상이 올 수 있기 때문에 종종 쉬면서 여유를 갖고 일하는 것이 중요합니다. 가족끼리 서로 갈등이 생기지 않게 노력하고, 또 갈등이 생기더라도 잘 해소할 수 있도록 마음을 열고 긍정적인 대화를 나누어야 합니다. 그러려면 평소의 교류가 중요한데, 가족 간에 교류가 없다가 명절 때만 만나서 대화하면 이해의 폭이 좁아서 오해가 생길 수 있기 때문입니다.

[칼럼] 김선현 선생님과 미술치료

▶▶ 행운 체질로 살아가기

인생을 많이 살았다고 말할 수는 없지만, 현재 저는 조금씩 인생을 느끼며 즐기는 편입니다. 물론 항상 좋은 일들만 있다는 뜻은 아닙니다. 제게 주어진 행운들에 감사하며, 어려움이 따르더라도 그 행운들을 누릴 수 있게 포기하지 않으면서 산다는 것이지요. 그 결과 더 큰 행운 속에서 살게 되었습니다.

제 인생에서 주어진 큰 행운은 두 가지입니다. 하나는 사랑이 많은 어머니의 기도와 축복 속에서 자랄 수 있던 것이고, 또 하나는 직업적으로 행운이 따른 것입니다. 그림이 좋아서 미술을 전공했는데, 미술을 지도하는 과정에서 미술이 가진 치유의 힘을 발견하였고, '미술치료'를 공부하기로 마음먹었습니다. 지금도 편견은 있지만 당시 미술치료는 정신 질환자나 특수 아동에게 쓰이는 치료법이거나 그림으로 심리 알아맞히기 정도로 인식되었습니다. 주변에서 미술치료를 하는 데 대한 반대와 미래에 대한 불안이 엄습했지만, 제 선택을 믿기로 하였습니다.

몇 년간 병원에서 묵묵히 임상을 하며 학문적으로는 심리학, 미술 교육, 임상미술치료로 석·박사 학위를 취득하였습니다. 그러자 대학병원 교수직 제의도 들어오고, 독일 연수의 기회도 주어졌습니다. 지속된 학업 때문에 비행기 표조차 구입하기 어려웠는데, 겨우 표를 구하고 간 독일에서 연수원장의 도움으로 학비와 생활비를 해결할 수 있었습니다. 그 후 미국과 일본에서도 공부할 기회가 생겨 12개월 할부로 항공권을 구입하는 등 기회가 오면 최선을 다해 도전하였습니다. 그 결과 각 나라의 미술치료를 경험하였고, 동서양의 미술치료를 연구할 수 있었습니다.

2005년부터 차의과학대학교 통합의학대학원(구 대체의학대학원)에서 전세일 원장님에게 동양, 서양, 대체 의학에 대한 깊은 가르침을 받았습니다. 또 동서양 의학과 미술치료로 프랑스, 일본, 중국, 미국 등에 초청 강의를 다니는 행운도 생겼습니다. 현재는 우리나라 최초로 통합의학대학원에서 임상미술치료전공 석·박사 과정 교육과 미술치료클리닉에서 진료 및 연구를 합니다.

남들이 안하는 새로운 분야에 도전한 것이 결국에는 행운을 가져왔습니다. 덕분에 오랜 기간

앞이 보이지 않는 분야의 공부를 하겠다고 뛰어다니던 딸을 보며 마음을 졸이신 어머니께 행복한 웃음을 심어 드릴 수 있었습니다. 행운은 잡으려고 애써서 잡을 수 있는 것이 아니며, 행운 체질이 되는 것도 쉽지 않습니다. 그렇지만 행운 체질이 되는 방법을 찾기보다 그저 자신에게 주어진 행운에 감사하면서 나누고 산다면 저절로 행운 체질이 되어 간다고 생각합니다.

미술치료와 함께하는 삶

미술치료를 통해서 다양한 사례들을 접하면서 인생의 깊이를 알 수 있었고, 힘든 일이 생겨도 담담하게 대처할 수 있었습니다. 저의 두 아이가 신생아부터 청소년기를 거쳐 성장하는 모습을 보면서 내담자들의 비슷한 상황을 이해할 수 있었습니다. 그리고 힘든 상황에 처한 사람들이 참으로 많다는 것을 알게 되면서 작은 것에 감사하는 마음도 생겨났습니다. 또 의료 쪽에서 일하다 보니 건강에 관한 지식도 많아졌습니다.

미술치료를 하면 많은 사람을 만나게 됩니다. 어린 아이부터 노인까지, 가벼운 스트레스 환자부터 암 환자까지, 연평도 포격 사건 피해자 주민이나 구제역으로 외상 후 스트레스 장애를 앓는 주민까지 다양한 사람들을 위해 미술치료를 해 왔습니다. 미술치료로 소외된 이웃을 돌아보고 사회 문제에도 참여하며, 제 자신이 도움이 될 수 있어 참으로 감사합니다. 또한 미술을 통해서 다른 사람을 돕고 싶다는 저의 소원이 이루어져서 기쁩니다.

이런 귀한 소명을 주신 주님께 감사하며, 앞으로는 지금까지 쌓아 온 재능으로 더 많은 사람을 도울 수 있기를 희망합니다. 질병을 가진 환자를 비롯해 주변 이웃의 어려움을 함께 나누고, 무엇보다도 이 책을 통해서 미술치료를 알아 가고 실생활에 활용하려는 독자 분들의 삶이 행복해지길, 또 진정한 행운 체질로 거듭날 수 있기를 기원합니다.

〈평안〉은 우리에게 친근한 매체인 화선지에 동양화 물감으로 그린 작품입니다. 은은한 부드러움이 느껴지는 작품을 만들면 스트레스가 완화되고 몸과 마음이 편안해집니다. 이런 상태에서는 소소한 문제에 담담해지고 작은 행복도 큰 행운으로 느껴집니다.

미술치료 Q&A

Q. 저는 특별한 색상에 끌립니다. 정신적으로 문제가 있는 건가요?
A. 그렇지 않습니다. 색상의 선호도는 개인마다 다를 수 있습니다. 하지만 유독 특별한 색상이 끌린다면, 그 색상을 이용해 자신의 몸 상태와 기분을 탐색해 볼 수 있습니다. 끌리는 색상의 의미를 알아보고, 현재 자신에게 필요한 것과 부족한 것이 무엇이어서 해당 색상을 원하는지 알아보면 도움이 됩니다.

Q. 살 빠지는 그림이 있다고 들었는데 효과가 있는지요?
A. 그림만 본다고 살이 빠지지는 않습니다. 하지만 색상으로 도움을 받을 수는 있습니다. 예를 들어 푸른색은 식욕을 떨어뜨리는 작용을 하는 대표적인 색상이므로, 그릇을 푸른색 계통으로 통일하면 적게 먹게 되어서 다이어트에 효과가 있습니다. 또한 푸른빛 아래에서 음식을 보면 맛이 반감되므로 적게 먹는 효과를 얻을 수 있습니다.

Q. 그림을 보는 것만으로도 치료 효과를 볼 수 있나요?
A. 좋은 그림을 보고 감동받는 것도 일종의 치료라고 할 수 있는데, 명화가 좋은 예입니다. 그림을 보면서 기분이 좋아진다면 심리적으로 충분한 안정감을 느낄 수 있고, 또 그림에서 좋은 에너지를 받았기 때문에 치료라고 할 수 있습니다. 마음에 드는 명화를 보면서 명화 속 인물에 자신을 투영하고, 자신에 대해 깊이 있게 생각해 보는 것도 좋은 방법입니다.

Q. 미술에 소질이 없는데 미술치료가 가능한가요?
A. 미술치료는 미술활동과는 다릅니다. 미술은 잘 그리거나 잘 만들어야 한다고 생각하지만, 미술치료는 멋진 작품을 만드는 과정이 아니므로 안심하셔도 됩니다. 미술치료를 하면서 그림을 그리거나 작품을 만드는 이유는 남에게 보여 주기 위해서가 아닙니다. 미술치료는 나 자신을 알아 가고, 긍정적인 나를 만들어 간다는 목적이 있습니다. 나를 솔직하게 표현한 작품은 평가되거나 비교될 수 없는 유일한 창조물입니다.

Q. 미술치료는 어떤 과정으로 이루어지나요?

A. 미술치료를 시작하기 전에 의학적 검사 및 상담을 통해서 치료 목표와 계획을 세웁니다. 그 후 내담자의 상황과 성격에 맞게 프로그램을 진행합니다. 미술치료를 통해서 내담자가 자기 자신과 마주하면서 문제를 풀어 가고, 긍정적인 자아상을 수립하면서 자존감을 높이게 돕습니다.

Q. 특별히 여성에게 미술치료가 도움을 줄 수 있나요?

A. 여성은 평생 신체적·정신적으로 많은 변화를 겪습니다. 미술치료는 불임 클리닉과 산전 클리닉, 산후 클리닉 등 각종 산부인과 질환을 치료할 때 병행할 수 있습니다. 또한 산후 우울증 환자, 갱년기 증후군이 있는 여성, 성폭력 및 성폭행 피해 여성, 유방암이나 자궁 경부암, 난소암 등 여성 암 환자에게도 미술치료를 적용할 수 있습니다.

Q. 일상생활에서 혼자서 미술치료 기법을 활용해도 도움이 될까요?

A. 기분이 우울하거나 한없이 가라앉을 때 미술치료 기법을 활용한다면, 긍정적인 영향을 받을 수 있습니다. 특히 혼자서 하는 미술치료는 다른 사람과 함께할 때보다 자신을 확실히 드러내고 깊이 있게 바라보는 좋은 기회가 됩니다. 명상과 병행한다면 자신의 무의식을 탐색하고 감정을 조절하는 데 효과를 볼 수 있습니다.

Q. 가족과 함께 미술치료를 할 수 있나요?

A. 가족과 함께하면 더욱 효과적일 때도 있습니다. 부부 문제나 자녀 문제라고 해도 가족 중 단 한 사람만 문제가 되는 경우는 매우 드뭅니다. 가족 모두가 함께 미술치료에 참여하고 서로를 이해할 수 있다면, 좀 더 빠르게 서로를 아껴 주고 소통하는 건강한 가족이 될 수 있습니다.

Q. 미술치료사가 되려면 어떻게 해야 하나요?

A. 현재 한국의 미술치료사는 공인자격증이 없습니다. 미술치료 민간 협회나 대학원의 미술치료사 양성 과정을 통해서 미술치료사가 될 수 있습니다. 다양한 협회와 대학원의 특성을 알아보고 자신에게 맞는 곳을 선택하는 것이 중요합니다.

기타 미술치료 문의

E-mail : kacat6419@naver.com
대한임상미술치료학회 : www.kacat.co.kr

책을 마치며

여성은 호르몬에 따라서 다양한 신체적·정신적 변화를 겪습니다. 또한 생애 주기에 따라 사회적·문화적·환경적으로도 많은 변화가 있습니다. 시시각각 달라지는 삶에서 여성은 즐거움과 슬픔, 기쁨과 불안, 두려움과 우울 등 여러 감정을 느끼지만, 특히 우리나라 여성은 자기감정을 억누르고 표출하지 않아서 더 큰 정신적인 문제로 고통을 받습니다.

'나를 찾아가는 행복한 여행'이라는 미술치료는 다양한 주제로 고민하는 여성에게 자신과 가족, 주변에 대해서 좀 더 깊이 생각하고 탐색하는 시간을 선물합니다. 미술치료를 진행하면서 억눌린 감정을 표출하고, 무의식에 집중해 보세요. 미술치료 활동을 하면서 불안함이 해소되면서 차츰 몸과 마음의 안정을 찾습니다. 또한 감당하기 어려운 감정이나 문제를 차분하게 바라보는 여유가 생깁니다.

나를 이해하고 사랑할 줄 안다면 어떤 상황에서도 행복한 삶을 살 수 있습니다. 미술치료를 통해 진정한 자신과 만나고 당당하게 생활하는 데 도움이 되길 바랍니다.

김선현

한양대학교에서 이학 박사, 미술교육 석사, 미술 학사 학위와 가톨릭대학교에서 상담심리학 석사 학위를 취득했다. 독일 베를린훔볼트대학 부속병원 예술치료 인턴 과정을 수료하고, 일본 임상미술협회 미술치료(임상미술사 자격 취득), 일본 기무라 클리닉, 미국 MD Anderson Cancer Center 예술치료 과정, 프랑스 파리에서 미술치료 Professional 과정을 연수했다.
현재 CHA의과학대학교 통합의학대학원 임상미술치료전공 석·박사 주임교수와 차병원 임상미술치료클리닉 교수로 재직 중이다. 대한임상미술치료학회(KACAT) 회장, 한·중·일 학회(BESETO) 회장, 미국미술치료학회(AATA) 정회원, 국제자연치유연맹 총무이사, 한국통합의학회 총무이사, 대한암보완대체의학회 부회장 등을 겸하고 있다. 《똑똑한 내 아이를 위한 미술치료 쉽게 하기》 등 다수의 저서와 논문이 있으며, 방송을 통해 미술치료를 알리고 있다.

행복한 여성을 위한
미술치료 쉽게 하기

인쇄 – 2011년 2월 22일
발행 – 2011년 3월 8일
지은이 – 김선현
발행인 – 허진
발행처 – 진선출판사(주)
편집 – 이미선, 최지선, 차슬아, 최철민, 이승주
디자인 – 안중용, 김연수, 이상량, 고은정
마케팅 – 이종상, 표영도, 강경희
총무 – 라미영, 이영원
제작·관리 – 유재수, 김영민
주소 – 서울시 종로구 팔판동 88번지
　　　대표전화 (02)720-5990 팩시밀리 (02)739-2129
　　　홈페이지 www.jinsun.co.kr
등록 – 1975년 9월 3일 10-92

＊ 책값은 뒤표지에 있습니다.

ⓒ김선현, 2011
사진ⓒ이상량, 2011
편집ⓒ진선출판사, 2011
ISBN 978-89-7221-690-2 14600
ISBN 978-89-7221-603-2 (세트)

 은 진선출판사의 예술책 브랜드입니다.
창작의 기쁨이 가득한 책으로 여러분에게 미적 감성을 선물하겠습니다.

행복한 여성을 위한 미술치료 쉽게 하기

만다라 연습장

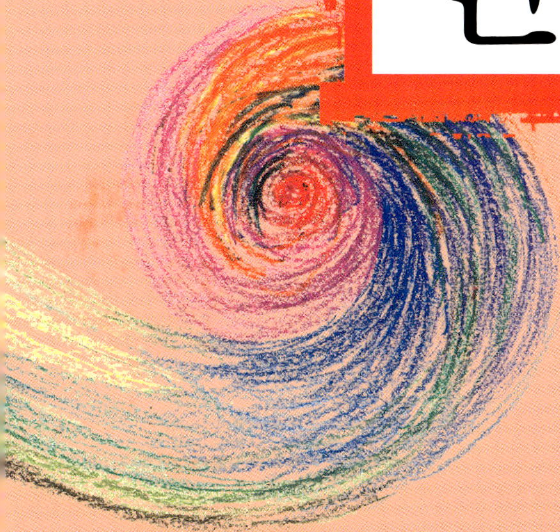

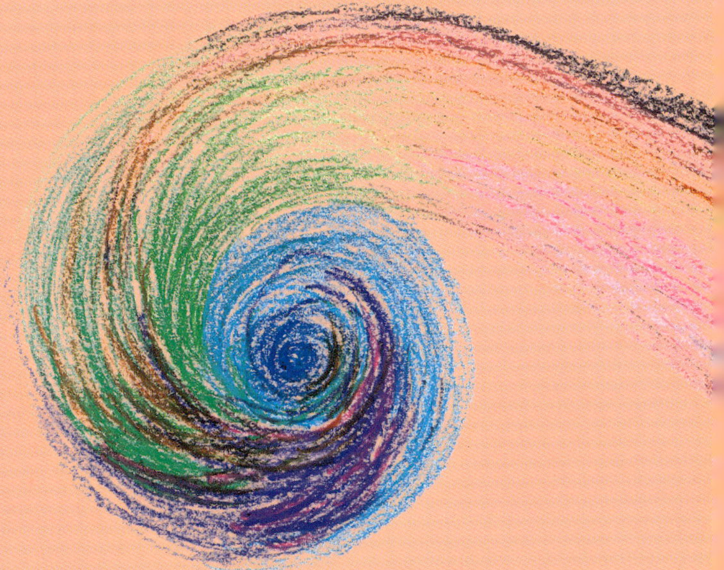

진선 아트북

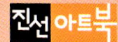

행복한 여성을 위한 미술치료 쉽게 하기

만다라 연습장

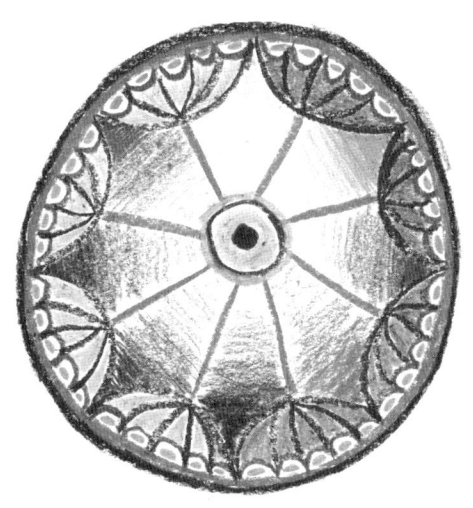

이 부록은 미술치료의 한 과정인 만다라를 직접 만들 수 있도록 마련했습니다.
만다라 연습장에서는 만다라를 제작하고 활용하는 방법을 알려 주며,
처음 만다라를 접하는 여성이 좀 더 쉽게 작업할 수 있게 도와줍니다.
매일 다양한 만다라를 그리면서 만다라의 치료적 효과를 경험해 보세요.

진선아트북

만다라에 대하여

산스크리트어로 '만다라(Mandala)'라는 말의 뜻은 '원(circle)' 또는 '중심(center)'입니다. 오랜 세월 동안 많은 문화권에서 원은 '온 우주(entire cosmos)'를 상징하였고, 그 속의 점(dot) 하나는 '모든 것의 정수(精髓, essence)' 또는 '원천(源泉, source)'을 뜻하였습니다. 그래서 만다라는 정신을 집중하여 자기를 돌아보고, 내면의 질서를 세우며 조화롭게 하는 도구로 알려져 왔습니다.

원은 인간이 살고 있는 자연과 주변 환경 모든 곳에 존재합니다. 사계절과 달은 원처럼 주기적으로 순환하고 변화할 뿐만 아니라, 우리 삶은 아늑한 원형 공간인 어머니의 자궁 속에서 시작되었습니다. 또 우리는 둥근 지구에 살고 원형인 눈으로 세상을 보고 있습니다. 만다라의 주된 형태인 원은 우리가 발명한 것이 아니라 의식적·무의식적으로 체험한 자연의 질서를 표현한 것입니다.

만다라는 원을 그리는 것에서 시작됩니다. 만다라는 어린이가 그린 원처럼 단순하기도 하며, 티베트 승려들이 창조한 성스러운 이미지처럼 복잡하기도 합니다. 만다라에 표현된 원형상은 만드는 사람의 내적인 상태를 나타내는 상징으로 나이와 성별, 관심사, 성격, 질환 등에 따라 무궁무진합니다. 따라서 개인마다 선호하는 문양은 모두 다르며, 같은 사람이 작업하더라도 그날의 심리 상태나 관심에 따라서 다른 만다라가 만들어집니다.

만다라는 작업의 특성상 쉽게 집중할 수 있어서 집중력이 향상되며, 창의적인 활동에 참여함으로써 창의성과 미적 능력이 향상됩니다. 또한 만다라를 준비하고 제작하며 감상하는 과정을 통해 명상을 하게 되는데, 여기에 자신을 되돌아보면서 내적인 조화를 이루고 자아정체감도 확립하는 치료적 효과가 있습니다.

만다라 진행 방법

처음 만다라를 그린다면 연습장에 제시한 만다라 문양 8개 중 마음에 드는 문양을 선택하고 색을 칠하세요. 원하는 문양이 없다면 미리 그려진 원에 직접 문양을 만들면 됩니다. 만다라를 꾸밀 때는 주변에서 흔히 구할 수 있는 다양한 미술 재료(연필, 파스텔, 색연필, 사인펜, 물감, 볼펜 등)와 오브제(잡지, 신문, 나뭇잎이나 꽃 같은 자연물) 가운데 자신이 좋아하는 재료를 선택하여 표현하면 됩니다.

01 작업에 쓸 재료를 준비한 다음, 편안하게 앉아서 긴장을 풀어 줍니다.

02 만다라를 만들기 전에 몇 분간 눈을 감고 휴식을 하면 좋습니다.
　　이때 조용한 음악을 들으면서 안정을 취하면 더욱 효과적으로 작업할 수 있습니다.

03 눈을 떠서 원하는 재료와 색을 선택하여 만다라를 만듭니다.

04 다른 생각을 하지 않는 상태로 자유롭게 만다라를 구성합니다.
　　이때 한 가지 색만 사용해도 좋고, 다양한 색을 사용해도 좋습니다.
　　원 안에 구체적인 물체를 그리거나 기하학적 도형으로 추상적인 형태를 만들어도 좋습니다.

05 완성된 만다라를 돌려 보면서 적절한 방위를 결정하고, 만다라 위쪽에 표시합니다.

06 연도를 포함한 날짜를 기록하고, 만다라 작품에 제목을 붙여 봅니다.

07 완성한 만다라를 즐겁게 감상합니다. 자신의 만다라를 보며 떠오르는 생각을 쓰거나
　　가족이나 친구 등 주위 사람들과 이야기를 나눕니다.

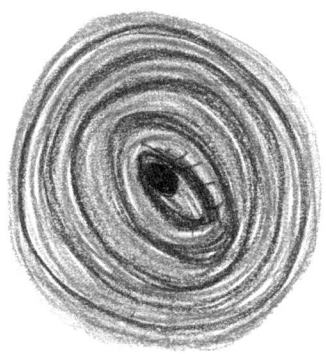

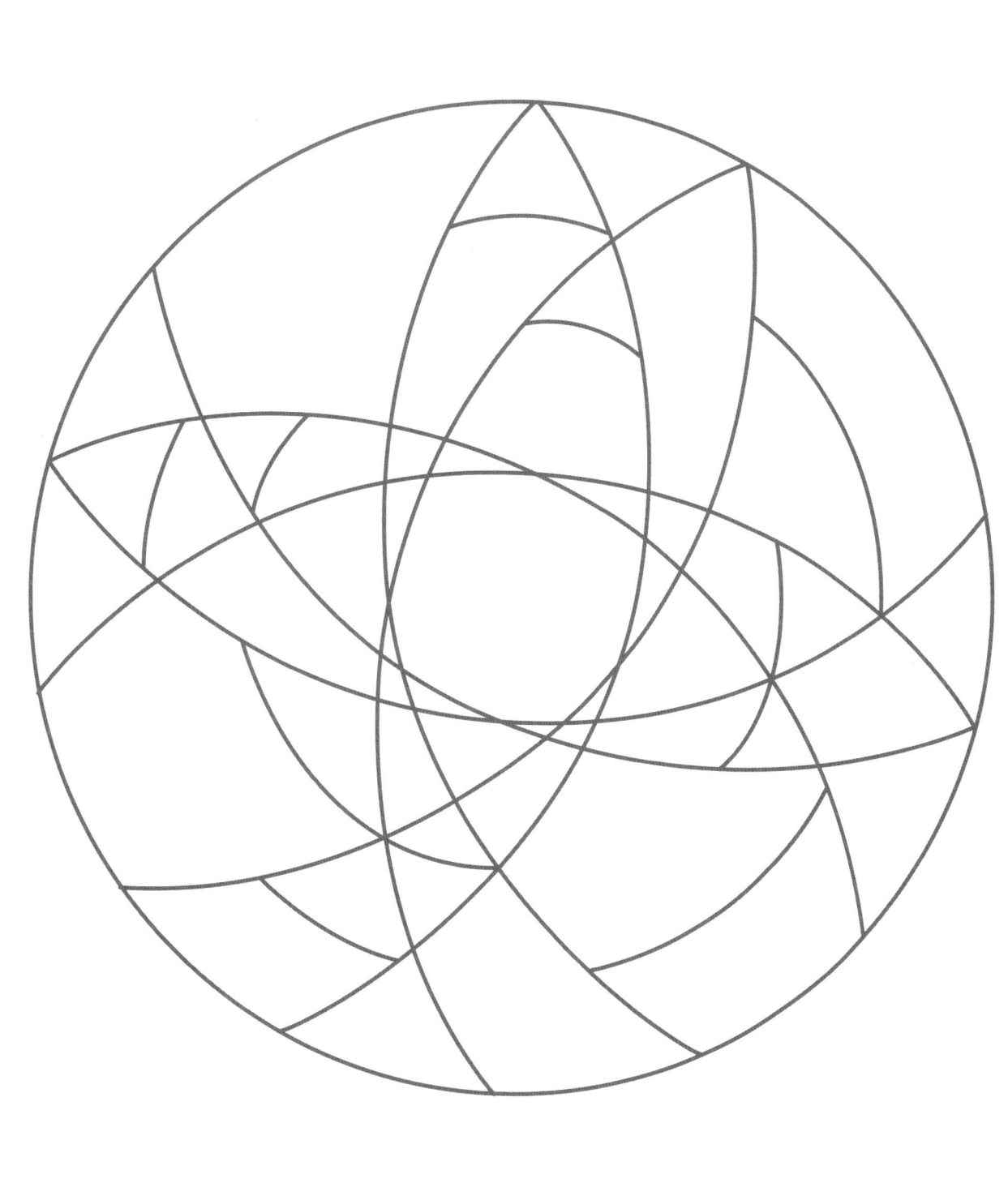

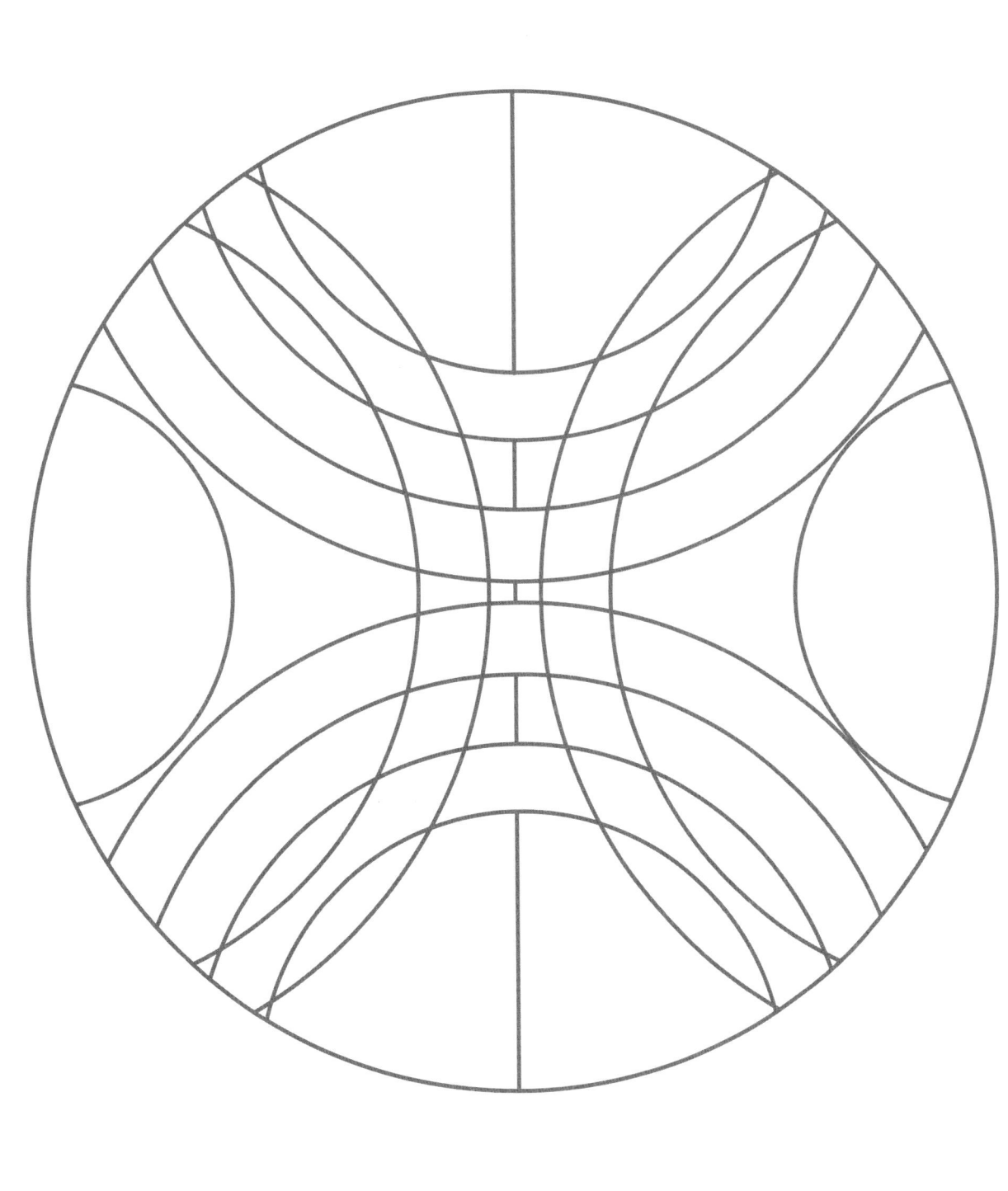

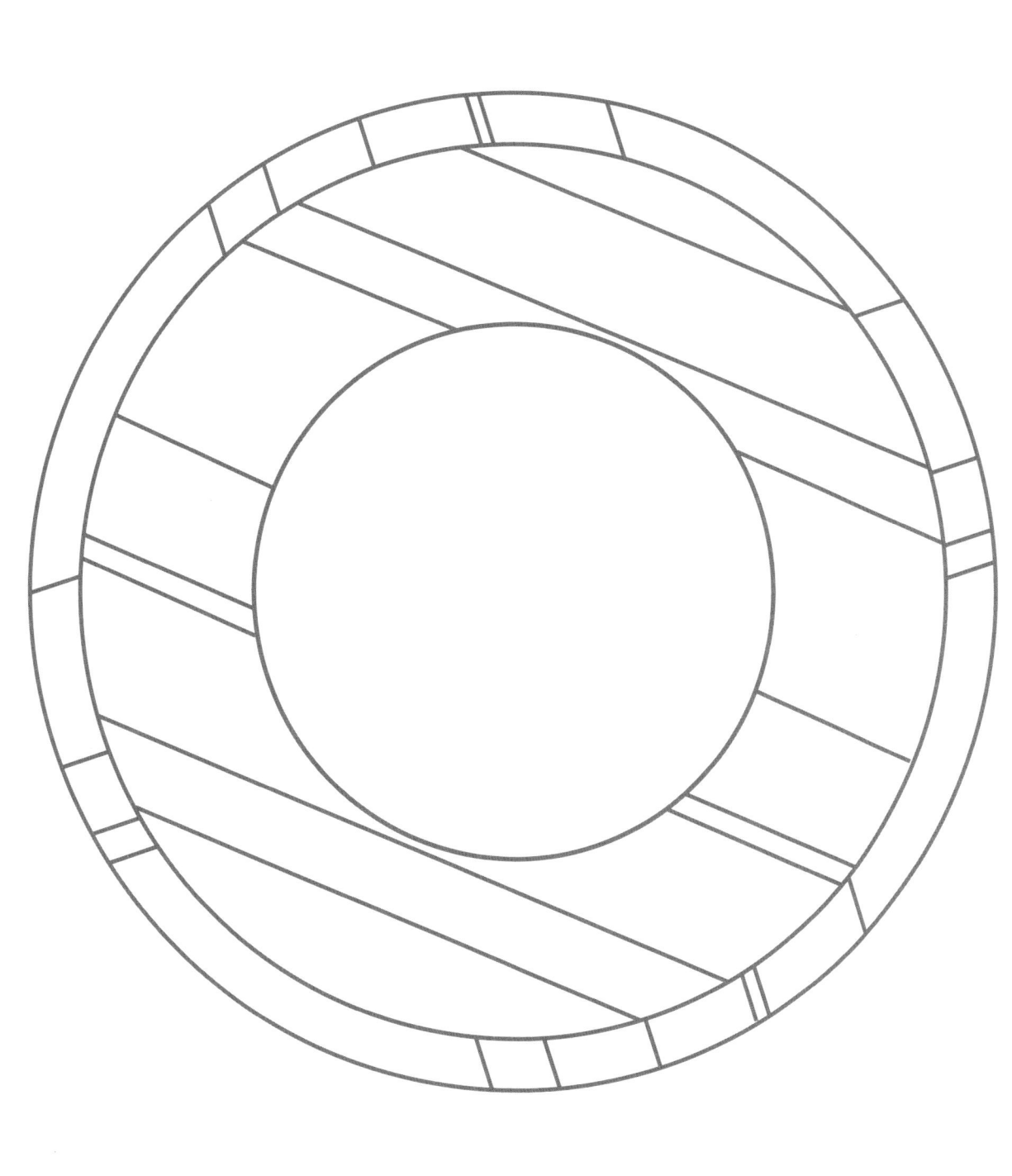

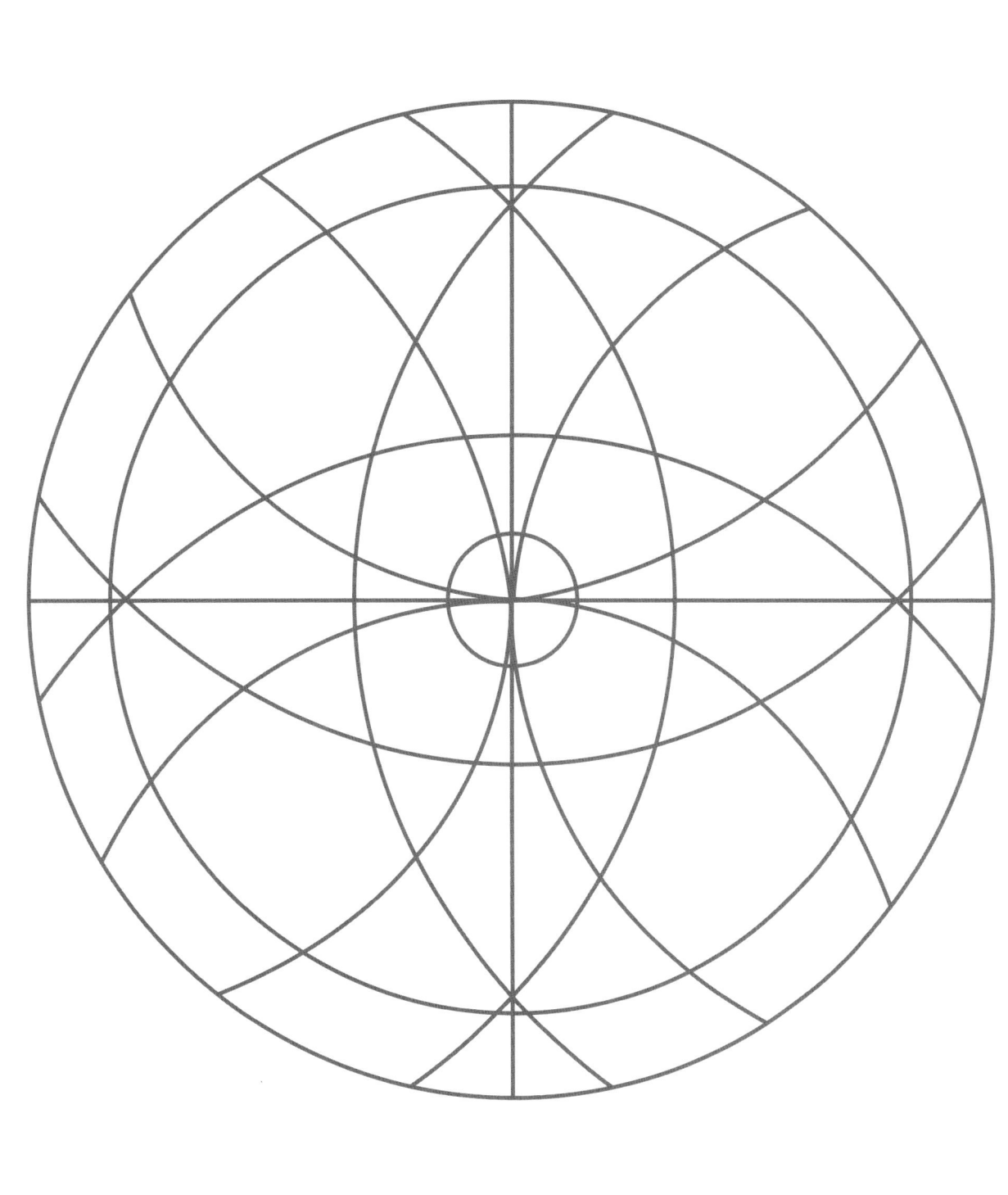

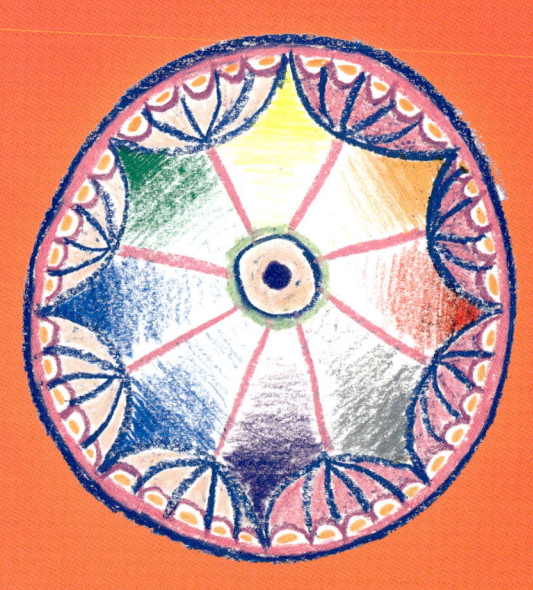